一流のプロから学ぶ
Excel
ビジネスに効く
テクニック

戸田 覚

朝日新聞出版

Excelをバッチリ使いこなして仕事ができる人になろう

一昔前までは「Excelは集計表を作るソフトでしょう」と言われてきたが、今やそんな枠を飛び出し、さまざまな仕事で使われている。グラフを作成してデータを分析したり、シミュレーションに使ったりすることも簡単だ。Excelで直接プレゼンをしている人も少なくない。

誰もが当たり前にExcelを使うようになったからこそ、より「Excel力」が求められるようになっている。素早く集計表を作って、短時間で入力するテクニックや分析力を身につけてこそ、仕事ができると言えるのだ。

本書には、Excelの基本操作を覚えた方が、Excelをもう少し使いこなすためのノウハウを盛り込んだ。前半の使いこなしテクニックに加え、Excelの達人に取材をして、プロの使い方を教わってきた。データを分析しやすい関数から、明快なグラフの作り方まで、プロの技を盗んで上司にホメられるようになろう！

本家マイクロソフトの表は超絶の見やすさ

マイクロソフトで経営企画を担当する村上氏に取材。
表は驚くほど見やすいのだが、実は大量のデータが隠されている。

➡ P146

家計簿のプロが作るモチベの上がる集計表

Zaimのプランナーである綿島氏は、とても見やすい資産管理表をExcelで作っている。女性らしいデザインにはモチベーションがアップする工夫が。

⇨ P158

Excelのグラフを美しく作り替える

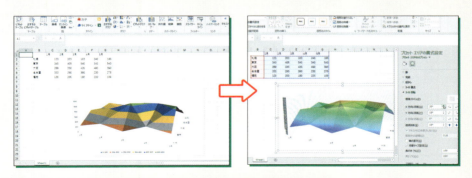

サイエンスライターの平林氏は、Excelの等高線図が気に入らなかった。色の変化が少ないためにデータが把握しづらいからだ。そこで自作のプログラムで美しいグラフを作れるようにカスタマイズしている。

⇨ P190

サイズの違う表を
きれいに並べられますか？

Excelで1枚の用紙に複数の表をきれいに収めたいことがあるだろう。ところが、Excelはどこかのセルの幅・高さを調整すると全体に反映してしまう。サイズの違う表を1枚の用紙に収めるのは至難の業だ！ うまく収めるには。

⇨ **P32**

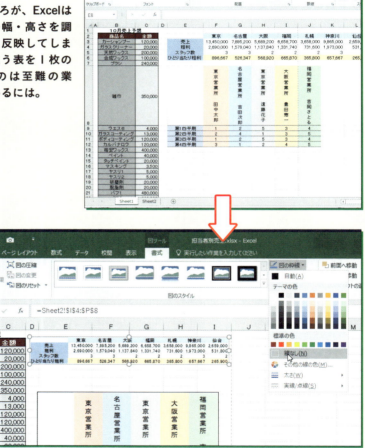

データがわかりやすい
L字形の表を作るテクニック

	A	B	C	D	E	F	G	H
1								
2				日本			海外	
3			大阪	東京	名古屋	アメリカハワイ店	アメリカサンフランシスコ店	中国上海店
4		インターネット	354	789	209	90	134	20
5		カタログ	90	109	120	45	34	0
6		通販合計	444	898	329	135	168	20
7		直販	213	349	209	330	234	870
8		フランチャイズ	398	789	980	0	120	230
9		店頭合計	611	1,138	1,189	330	354	1,100
10		総合計	1,055	2,036	1,518	465	522	1,120
11								
12								

	B	C D	E	F	G	H	I	J	K
1									
2					日本			海外	
3								アメリカ	中国
4					大阪	東京	名古屋	ハワイ店	サンフランシスコ店	上海店
5		売上合計			1,055	2,036	1,518	465	522	1,120
6		通販			444	898	329	135	168	20
7		インターネット			354	789	209	90	134	20
8		カタログ			90	109	120	45	34	0
9		店頭			611	1,138	1,189	330	354	1,100
10		直販			213	349	209	330	234	870
11		フランチャイズ			398	789	980	0	120	230
12									
13									
14									

白書や各種の報告書など、プロの作る表では、L字形の見出しを
採用することで、階層のあるデータを見やすくレイアウトしてい
る。Excelでもこんな表を作れることをご存じだろうか？
こんな表を作れればライバルとの差がつくのは間違いなしだ。

⇨ P62

見やすいグラフを作る
8つのポイントを身に付けよう

Excelのグラフ作成機能はとても優れているので、自動的に作って終わりにしている人がとても多い。だが、実は情報が見やすくないことも少なくない。そこで、グラフが見やすくなるポイントを8つ紹介しよう。これを身につければ、プレゼンに勝てる！

⇒ P68

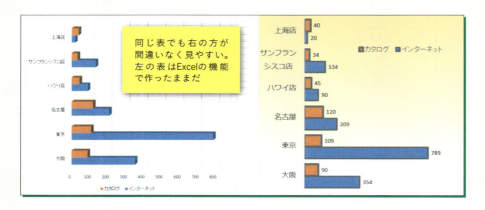

同じ表でも右の方が間違いなく見やすい。左の表はExcelの機能で作ったままだ

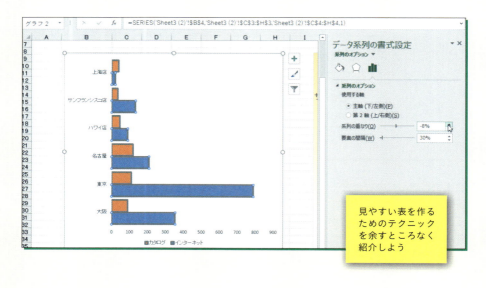

見やすい表を作るためのテクニックを余すところなく紹介しよう

オリジナルの
ツリーマップで差をつけよう

どうもプレゼンや企画書にインパクトが足りない――そう感じているなら、完全オリジナルのグラフを作ってはどうだろう？ オリジナルで誰も見たことのないグラフの作り方を身に付ければ、最新版のExcelがなくても魅せられるのだ。

P85

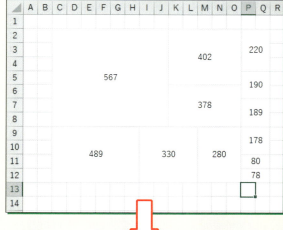

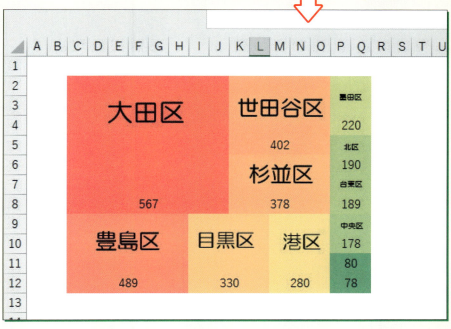

新聞から盗む
グラフ作りのワザ

新聞のグラフはとても見やすい。今回は朝日新聞メディアプロダクションの瓜田氏に取材してそのノウハウを教わってきた。さらに、Excelの機能を使って、新聞のように見やすいグラフを作るコツも解説していく。

⇒ **P92**

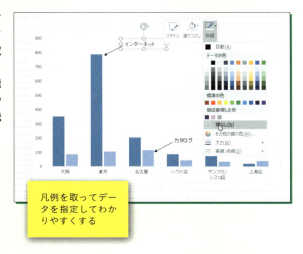

凡例を取ってデータを指定してわかりやすくする

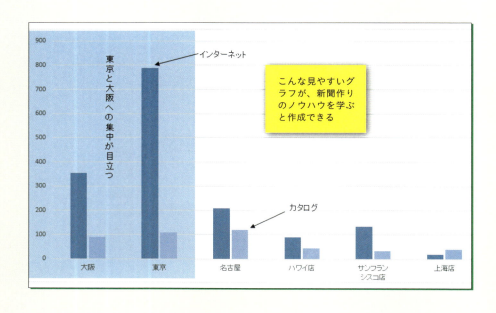

こんな見やすいグラフが、新聞作りのノウハウを学ぶと作成できる

東京と大阪への集中が目立つ

金額が見やすくなる
インデントを使っていますか？

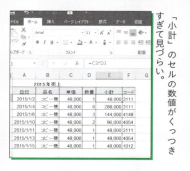

「小計」のセルの数値がくっつきすぎて見づらい。

そこでインデントを利用して、レイアウトを整えた。桁も揃っていて見やすい。

Excelでは金額や製品の型番など、数値が盛りだくさんの表を作るのが当たり前だ。そこで注意したいのが見やすさだ。数字が隣のセルとくっついていると見づらくなる。かといって中央揃えでは桁が合わない！そんな問題を解決するのがインデントだ。

⇒ **P46**

IF関数も本書があれば
大丈夫！

難しいIF関連の関数も簡単に使えるようになる。

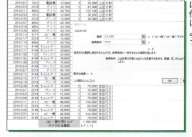

条件に合っているデータだけを数えるCOUNTIF関数も身に付けよう。

企業の募集要項には、「Excelが使える人」という表記が当たり前のようにされている。ところが最近では「IF関数が利用できること」という注釈が付いてるものも見かけるようになった。もはや、IF関数はできないと困る機能なのだ。難しくてよくわからない方にも、安心の解説を用意した。

⇒ **P98**

CONTENTS

Excelをバッチリ使いこなして仕事ができる人になろう …… 2

CHAPTER 1

表作成＆入力の究極テクニック

データ入力が「超」楽になる7つのワザ …… 16

意外にできない、サイズが違う表を自由に並べる必殺テク …… 32

達人は折りたたみと非表示を活用している …… 40

あまり使われていないけれど必修のインデント …… 46

ベテランだから見逃してしまう便利な「テーブル」とは …… 48

単純なのに便利な「名前の定義」使ってますか？ …… 52

入力ミスを防ぐちょいワザ …… 56

美しい表を作るコツ「ベスト3」 …… 58

CHAPTER 2

グラフ作りを極める

見やすいワザありグラフを作る8つのポイント …… 68

複合グラフを簡単に作る …… 78

Excel 2016のグラフがすごい …… 81

オリジナルのツリーマップを作る …… 85

バブルチャートで可視化達人になろう …… 90

新聞のグラフ作成テクを盗もう …… 92

CHAPTER 3

計算と関数を
うまく使うポイント

関数のハードル「IF」をひょいと越える …… 98
論理式を組み合わせると最強だ …… 103

CHAPTER 4

印刷とレイアウトの
必修テク

用紙にピタリと収めて印刷する …… 110
細長い表を1ページに段組印刷する …… 118
モノクロ印刷で失敗しない確認テク …… 124
Excelでプレゼンをするコツ …… 128

CHAPTER 5

さらに活用できる！
その他のテクニック

Excel 2016で本気に見える分析・予測を …… 132
PDFファイルもExcelだけで作れる …… 135
Excelのファイルにパスワードを設定して安心やりとり …… 141

CONTENTS

INTERVIEW

一流のプロに学ぶ Excelテクニック

本家マイクロソフトの 使いこなしは驚愕の完成度 …… 146

日本マイクロソフト株式会社
管理本部
エンタープライズビジネス統括事業部
シニアファイナンス　コントローラー
村上健志 氏

女性らしさを感じる やさしく見やすい家計管理表 … 158

株式会社 Zaim
プランナー
綿島琴美 氏

新聞から盗む、グラフや 表を見やすく作るコツ …… 166

朝日新聞メディアプロダクション
ビジュアル事業部デザイン
アートディレクター
瓜田時紀 氏

適切なグラフを作れば
誰でも「効果絶大」な
分析ができる …… 172

東京海洋大学
学術研究院　流通情報工学部門
教授　博士（工学）
黒川久幸 氏

白書を参考に！
上手なグラフの作り方 …… 184

日経印刷株式会社
制作本部　制作部　DTP課
エキスパート
高野浩 氏

Excelのグラフを
美しく作り替えてしまった …… 190

サイエンスライター
平林純 氏

本書掲載データのダウンロード方法

本書に掲載しているExcelデータは
以下のURLからダウンロード可能です。

http://publications.asahi.com/ecs/detail/?item_id=17954

もしくは、

朝日新聞出版サイト（http://publications.asahi.com）の検索窓で、
『一流のプロから学ぶ　ビジネスに効くExcelテクニック』と
入力していただければ、ダウンロードページが表示されます。

＊ファイルはExcel 2016対応です。
＊ファイルは自由に改変して問題ありません。

表作成 &
入力の
究極テクニック

CHAPTER 1

Excelの基本中の基本、
表作成と入力のテクニックを紹介する。
「見栄えのいい表が作りたい」
「入力作業を少しでも楽にしたい」と
思っているなら必読だ。

データ入力が「超」楽になる7つのワザ

　本書では、Excelを使いこなすための一歩上のテクニックをまとめて紹介していく。Excelの基本作業ができるようになった方の次のステップとして身につけていただけたら幸いだ。思わず膝を打つテクニックも盛りだくさんなので、期待して読んでいただきたい。

　Excelを使う作業の多くが"入力"だ。毎日大量のデータを繰り返し入力している人も少なくないだろう。そんな作業が少しでも効率化できれば、日々の作業時間は大幅に減るはず。1割の効率化でも1年を通して考えれば、数週間の作業量になることも！

　ここでは、Excelの入力作業をとにかく楽にするワザを7つ紹介する。自分の作業にマッチしたものが見つかればしめたもの。今日から即戦力になるテクニックを紹介しよう。

ワザ 1　上のセルと同じデータを入力する

　表を縦に入力する場合、上のセルと同じデータを入力するケースが少なくない。入力するごとにいちいちコピー＆ペーストをしていないだろうか。

　こんなときには、ショートカットキー「Ctrl+D」を押すだけだ！　瞬時に1つ上のセルの内容がそのままコピーできる。また、あまり使う機会は多くないのだが、右に延びていく表の場合なら、同様に「Ctrl+R」を使おう。

データ入力が「超」楽になる7つのワザ

1つ上のセルと同じデータを入力したいなら、「Ctrl+D」を押すだけ。これで、コピーできてしまう。

Ctrl+Dを押す

1つ上のデータがコピーできる

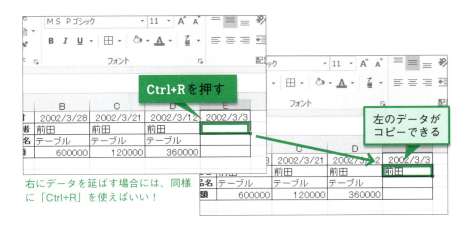

Ctrl+Rを押す

左のデータがコピーできる

右にデータを延ばす場合には、同様に「Ctrl+R」を使えばいい!

POINT

一般的な表は縦に延ばしていくのが基本だが、例えば毎年の売上など時系列のデータは右に延ばすケースも少なくないので、臨機応変に使い分けよう。折れ線グラフになるようなデータは横に延ばしてもいいと考えよう。

17

ワザ 2 同じデータを一気に入力する

複数のセルに同じデータを入力したい場合、最初に1箇所入力して、次々に貼り付けている人が多い。もちろんそれでも良いのだが、ぜひ覚えておきたい最短の方法があるので紹介しよう。

まず同じデータを入力したいセルを選択する。連続したセルならドラッグでいいし、離れたセルなら「Ctrl」キーを押しながらクリックする。選択できたら、データをキーボードから入力する。最後の確定のタイミングで、いつものような「Enter」ではなく、「Ctrl」＋「Enter」を押すのがポイント。これで、選択したすべてのセルに同じデータが入力できるのだ！

	A	B	C	D	E	F
28		2016/3/18	山本	椅子	60,000	18
29		2016/3/19	山本	テーブル	120,000	19
30		2016/3/19	山本	書棚	200,000	19
31		2016/3/21	前田	テーブル	120,000	21
32		2016/3/22	前田	椅子	20,000	22
33		2016/3/23	山本	椅子	20,000	23
34		2016/3/23	前田	椅子	100,000	23
35		2016/3/23	高橋	テーブル	120,000	23
36		2016/3/24	高橋		300,000	24
37		2016/3/25	高橋		800,000	25
38		2016/3/25	山本	椅子	40,000	25
39		2016/3/27	前田	椅子	140,000	27
40		2016/3/28	前田	テーブル	600,000	28
41		2016/3/29	山本		200,000	29
42		2016/3/30	前田		200,000	30

	A	B	C	D	E	F
28		2016/3/18	山本	椅子	60,000	18
29		2016/3/19	山本	テーブル	120,000	19
30		2016/3/19	山本	書棚	200,000	19
31				テーブル	120,000	21
32				椅子	20,000	22
33				椅子	20,000	23
34				椅子	100,000	23
35		2016/3/23	高橋	テーブル	120,000	23
36		2016/3/24	高橋		300,000	24
37		2016/3/25	高橋		800,000	25
38		2016/3/25	山本	椅子	40,000	25
39		2016/3/27	前田	椅子	140,000	27
40		2016/3/28	前田	テーブル	600,000	28
41		2016/3/29	山本		200,000	29
42		2016/3/30	前田		200,000	30

Ctrlを押しながらクリック

複数のセルに同じデータを入力したいなら、まずセルを選択する。離れたセルの場合は、「Ctrl」キーを押しながらクリックしていけばいい。

▲	A	B	C	D	E	F
28		2016/3/18	山本	椅子	60,000	18
29		2016/3/19	山本	テーブル	120,000	19
30		2016/3/19	山本	書棚	200,000	19
31		2016/3/21	前田	テーブル	120,000	21
32		2016/3/22	前田	椅子	20,000	22
33		2016/3/23	山本	椅子	20,000	23
34		2016/3/23	前田	椅子	100,000	23
35		2016/3/23	高橋	テーブル	120,000	23
36		2016/3/24	高橋		300,000	24
37		2016/3/25	高橋		800,000	25
38		2016/3/25	山本	椅子	40,000	25
39		2016/3/27	前田	椅子	140,000	27
40		2016/3/28	前田	テーブル	600,000	28
41		2016/3/29		書棚		29
42		2016/3/30	前田		200,000	30
43						

セルを選択した状態で、キーボードからデータを入力し、最後に「Ctrl」＋「Enter」で確定させる。

▲	A	B	C	D	E	F
28		2016/3/18	山本	椅子	60,000	18
29		2016/3/19	山本	テーブル	120,000	19
30		2016/3/19	山本	書棚	200,000	19
31		2016/3/21	前田	テーブル	120,000	21
32		2016/3/22	前田	椅子	20,000	22
33		2016/3/23	山本	椅子	20,000	23
34		2016/3/23	前田	椅子	100,000	23
35		2016/3/23	高橋	テーブル	120,000	23
36		2016/3/24	高橋	書棚	300,000	24
37		2016/3/25	高橋	書棚	800,000	25
38		2016/3/25	山本	椅子	40,000	25
39		2016/3/27	前田	椅子	140,000	27
40		2016/3/28	前田	テーブル	600,000	28
41		2016/3/29	山本	書棚	200,000	29
42		2016/3/30	前田	書棚	200,000	30
43						

離れたセルに一気に同じデータを入力できた。連続するセルも同様だ。

ワザ 3 瞬間にリストを表示して選択入力

　商品名など、数種類のデータを入力すると決まっている場合にも、いちいちコピーしている人が多い。「Ctrl」＋「C」などのショートカットを使えばそれなりに高速化できるのだが、もっと早いワザがある。

　入力時に「Alt」＋「↓」を押すのだ。これで、すでに入力済みのデータがリストとして表示されるので、選んで「Enter」を押すだけでいい。いちいちリストを作る必要がないので、面倒なことが嫌いな人に向いているはずだ。

▲	A	B	C	D	E	F
26		2016/3/17	前田	書棚	200,000	17
27		2016/3/18	前田	椅子	20,000	18
28		2016/3/18	山本	椅子	60,000	18
29		2016/3/19	山本	テーブル	120,000	19
30		2016/3/19	山本	書棚	200,000	19
31		2016/3/21	前田	テーブル	120,000	21
32		2016/3/22	前田	椅子	20,000	22
33		2016/3/23	山本	椅子	20,000	23
34		2016/3/23	前田	椅子	100,000	23
35		2016/3/23	高橋	テーブル	120,000	23
36		2016/3/24	高橋	書棚	300,000	24
37		2016/3/25	高橋	書棚	800,000	25
38		2016/3/25	山本	椅子	40,000	25
39		2016/3/27	前田	椅子	140,000	27
40		2016/3/28	前田	テーブル	600,000	28
41		2016/3/29	山本	書棚	200,000	29
42		2016/3/30	前田		200,000	30

空白のセルに、これまでに入力した商品名のどれかを入力したい。

	A	B	C	D	E	F
26		2016/3/17	前田	書棚	200,000	17
27		2016/3/18	前田	椅子	20,000	18
28		2016/3/18	山本	椅子	60,000	18
29		2016/3/19	山本	テーブル	120,000	19
30		2016/3/19	山本	書棚	200,000	19
31		2016/3/21	前田	テーブル	120,000	21
32		2016/3/22	前田	椅子	20,000	22
33		2016/3/23	山本	椅子	20,000	23
34		2016/3/23	前田	椅子	100,000	23
35		2016/3/23	高橋	テーブル	120,000	23
36		2016/3/24	高橋	書棚	300,000	24
37		2016/3/25	高橋	書棚	800,000	25
38		2016/3/25	山本	椅子	40,000	25
39		2016/3/27	前田	椅子	140,000	27
40		2016/3/28	前田	テーブル	600,000	28
41		2016/3/29	山本	書棚	200,000	29
42		2016/3/30	前田		200,000	30
43				椅子		
44				商品名		
45				書棚		
46				テーブル		

Alt+↓ を押す

「Alt」＋「↓」を押すと、これまでに入力したデータがリストで表示されるので、カーソルで選択するだけ。これは手っ取り早い！

ちなみに、セルを右クリックして「ドロップダウンリストから選択」する方法でも同じように入力ができる。

データ入力が「超」楽になる7つのワザ

ワザ 4 クリップボードで履歴からコピーできる

　普段の作業では、コピー&ペーストをよく使うだろう。普通のコピー&ペーストでは、直前にコピーしたデータを繰り返し貼り付けることになる。ところが、繰り返し入力したいデータが3〜4個もあるときには、いちいちコピー&ペーストを繰り返すのは面倒だ。

　そんなときには、履歴が表示される「クリップボード」が便利。リストから選択して貼り付けていけば良いのだ。このクリップボードは図形などにも有効。フローチャートなどを作る際にもとても役立つ。

クリップボードは、この小さな□をクリックすると表示可能だ。

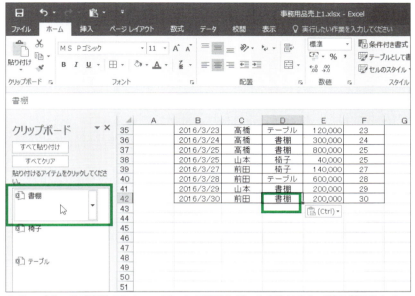

クリップボードが表示された。コピーした履歴のデータを取り出して貼り付けられる。

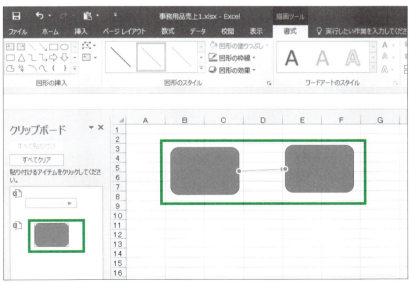

この機能は図などにも有効。フローチャートのように同じ図形を複数回使うなら、ぜひ利用したい。

WordやPowerPointともやりとりできる

Excelのクリップボード機能はWordやPowerPointととも共通で利用できる。Wordの単語を片っ端からコピーして、Excelで表作成の際に貼り付けていくなど、応用できるはずだ。

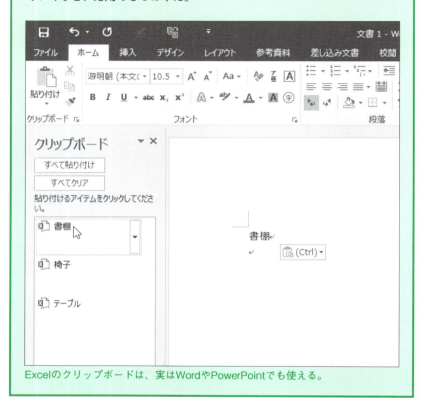

ExcelのクリップボードはI、実はWordやPowerPointでも使える。

ワザ 5 入力規則でリストを作る

　入力規則機能でリストを作ればデータを選択するだけで入力できる。この方法は、定番中の定番なので、ご存じの方も多いだろう。ちょっと設定が面倒なので、大量に入力するときにこそおすすめだ。

　また、あなたが作った表に他の人がデータを入力する際にはこの機能がベストだ。他の人に頼む際には、ショートカットキーなどを覚えて使ってくれることを期待してはいけない。最初からリストを作っておくことで、作業時間が減るしミスも少なくなるはずだ。あなたが、会社の中で「Excel達人」的な立場にいるなら、入力量が多い表には、片っ端から入力規則をセットしていくべし。達人の評価がますます高まるはずだ。

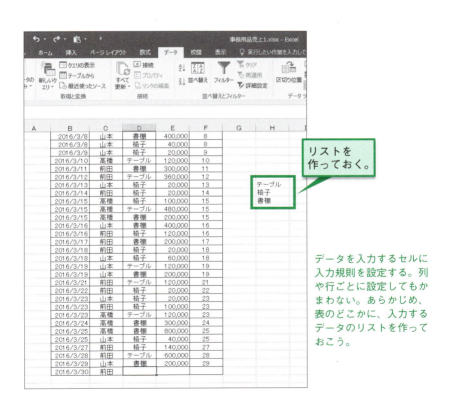

リストを作っておく。

データを入力するセルに入力規則を設定する。列や行ごとに設定してもかまわない。あらかじめ、表のどこかに、入力するデータのリストを作っておこう。

あらかじめ作成しておいたリストを範囲指定する。メニューの「データ」→「データツール」→「データの入力規則」で設定する。

入力規則のダイアログが開いたら、「入力値の種類」で「リスト」を選ぶ。

クリックするとリストから選択して入力できるようになった。

ワザ 6 VLOOKUPでコードから入力する

　VLOOKUP関数による表引き入力は定番機能の中で一番難しいものだが、確かに便利なので、ぜひ覚えておいて欲しい。もしくは、必要に応じてこのページを開いて参考にしながら作業しても良いだろう。

　この方法の最大の特徴は、コードを入力するだけで商品名や価格などが代入できること。項目が多い場合には作業がとても楽になる。

　なお、見た目を良くするためには商品台帳を別のシートに作っておくことをおすすめするが、手順の説明が複雑になるのでこの項では同じシートに作成している。

あらかじめ商品台帳を別の表として作成しておく。

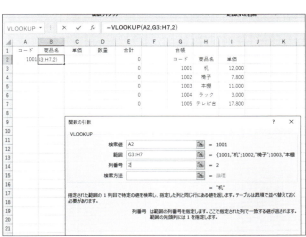

1つコードを入力した状態で、商品名を表示させたいセルを選択してVLOOKUP関数を設定する。検索値はコードを入力したA2セル、範囲は台帳のデータ部分、列番号は台帳の2列目にある商品名を指定するので「2」とする。

同様に、単価も関数で入力する。今度は、列番号が「3」になる。

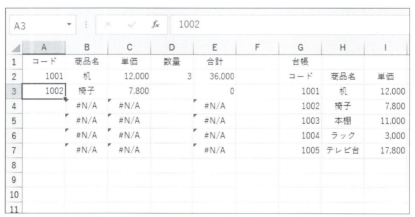

コードを入力するだけで商品名と単価が設定できた。エラーは右ページで解消方法を説明する。

28

関数のエラーを回避

この例では、#N/Aエラーが表示されている。数値が入っていないためにエラーになっているだけなので、間違いではないのだが見苦しい。そこで、エラーを表示しない方法を紹介しよう。IFERROR 関数を利用したネスト（関数の中に関数を入れ子にする）という方法が定番なのだが、式が難しすぎる。

そこでおすすめなのが、条件付き書式で「エラーが表示されたら文字を白くする」方法だ。結果として、エラーの場合だけ文字が見えなくなるわけだ。

エラーが表示されているセルで「条件付き書式」－「新しいルール」を実行。

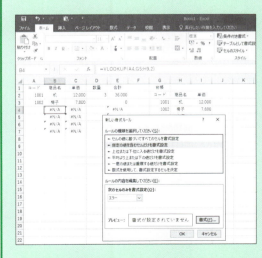

ダイアログが開いたら、「指定の値を含むセルだけを書式設定」を選択し「次のセルのみを書式設定」で「エラー」を選び「書式」をクリックする。

データ入力が「超」楽になる7つのワザ

29

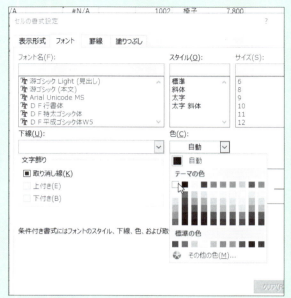

「セルの書式設定」ダイアログが開くので、文字色を白にする。

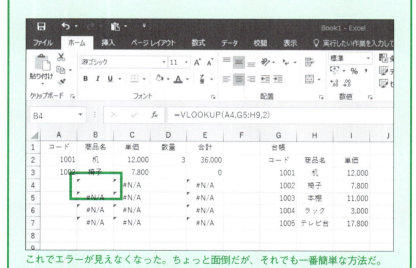

これでエラーが見えなくなった。ちょっと面倒だが、それでも一番簡単な方法だ。

ワザ 7 単語登録してしまおう

　Excelとは、実は関係ないテクニックだが、IMEなどの文字入力ソフトへの単語登録でも簡単入力が省力化できる。特に長い商品名などはぜひ単語登録をおすすめする。

　今回の例は、商品番号で商品名を登録したが、同様に価格や原価なども登録可能だ。実は、医療や建築系の企業では、専用の辞書を用意して、独特な単号を呼び出しやすくしている。同じようなテクニックを使おうというわけだ。

Windows標準のMS-IMEでは、タスクバーのアイコンを右クリックすると単語登録ができる。

ここでは、商品番号で商品名を呼び出せるように登録した。

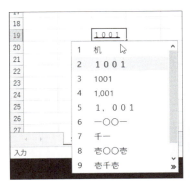
商品番号を入力して変換すると候補に商品名が出る。価格なども登録してしまおう。

意外にできない、サイズが違う表を自由に並べる必殺テク

　用紙のサイズはビジネス・プライベート問わずにA4が一般的になっている。1枚の用紙に複数の表を並べて印刷したいこともよくある。ところが、表のサイズが異なるとうまく横に並べることができない。Excelでは表だけの縮小や拡大ができないのだ。

　そこで利用するのがカメラ機能だ。実は、かなり昔から搭載されていた機能で、知る人ぞ知るワザなのだが、最近は使っている人も多くないようだ。非常に便利な機能なので、ぜひ使いこなそうではないか。

◯ 表がうまく並ばない

　まずは、どんなときに表がうまく並ばないのか見ていこう。今さら言うまでもないが、Excelでは、高さや幅の異なる表を同じ列や行に並べられないのだ。つまり、どちらかの表の高さや幅に合ってしまい、レイアウトがぐずぐずになる。

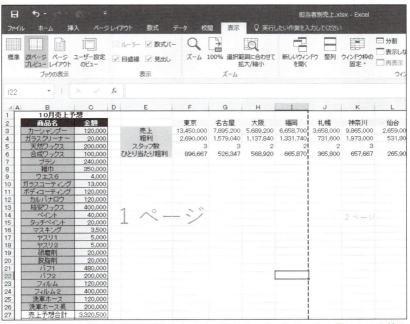

このケースでは右側の表がページを大きくはみ出している。とはいえ、単にセルを縮めてフォントサイズを小さくすると、今度は高さのバランスがおかしくなる。

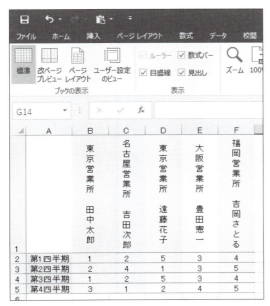

別のシートに作ったこんな表も同じページに貼り付けたい。

意外にできない、サイズが違う表を自由に並べる必殺テク

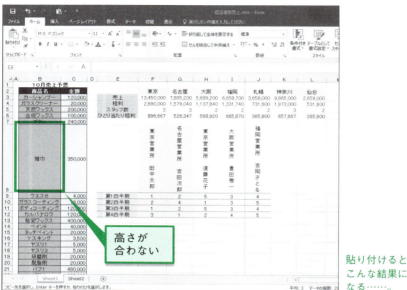

貼り付けると
こんな結果に
なる……。

まずは、高さや幅が揃っていない表は別のシートに貼り付けてしまおう。

○ カメラ機能を登録する

　カメラ機能は、標準のコマンドとして登録されていないので、まずは使えるように準備していこう。リボンのメニューに登録しても良いが、ここではもっと手軽なクイックアクセスツールバーでの利用方法を紹介する。

　一度登録しておけば、いつでも使えるようになるので、この手のレイアウトを多用したいなら、ぜひ設定しておこう。

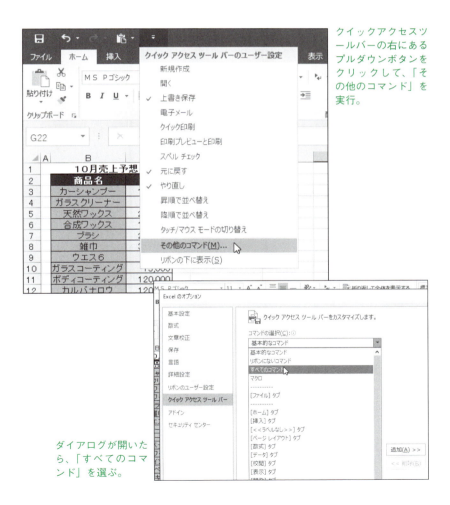

クイックアクセスツールバーの右にあるプルダウンボタンをクリックして、「その他のコマンド」を実行。

ダイアログが開いたら、「すべてのコマンド」を選ぶ。

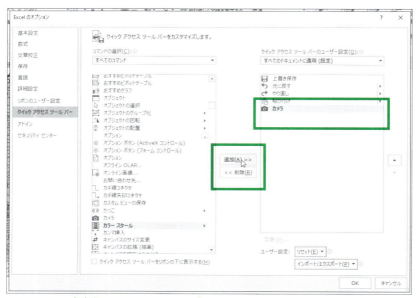

コマンドは五十音順に並んでいるので、「カメラ」を選択して真ん中の「追加」ボタンをクリックする。

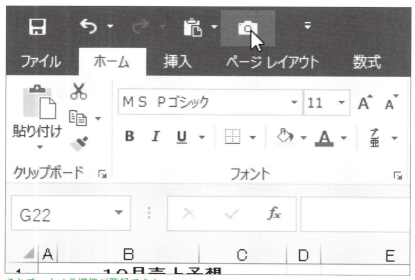

これで、カメラ機能が登録できた。

◯ カメラ機能で表を貼り付ける

　カメラ機能は、その名の通り、別の部分にある表をカメラで見ているように使える。今回は、別のシートに作製した表をカメラで見ているように表示する。

　まず、貼り付けたい表を範囲指定したらカメラコマンドをクリックする。これでクリップボードに取り込まれるので貼り付ければOK。あとはサイズを調整するだけだ。

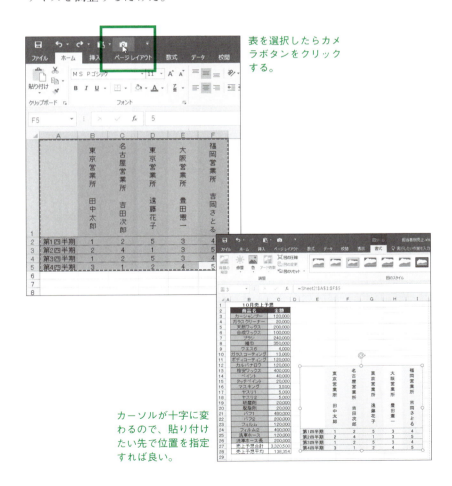

表を選択したらカメラボタンをクリックする。

カーソルが十字に変わるので、貼り付けたい先で位置を指定すれば良い。

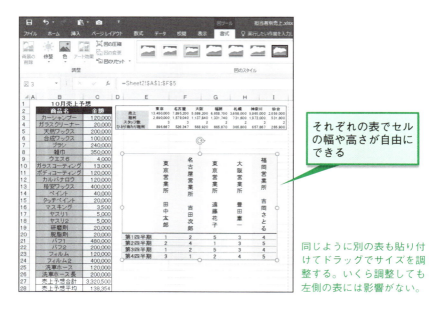

それぞれの表でセルの幅や高さが自由にできる

同じように別の表も貼り付けてドラッグでサイズを調整する。いくら調整しても左側の表には影響がない。

気になるようならオブジェクトの枠線をなしに設定しておけば、印刷しても目立たない。

◯ あくまで元の表で操作する

　カメラ機能では、他の表を表示しているだけだ。データを編集しようとクリックしても何も起こらない。数値の変更などをしたいときには、別のシートにある貼り付けた元の表で操作する。すると、貼り付けた先の表も自動でデータが更新される仕組みだ。

枠線をなしにしたら、見栄えがよくなった。しかし、データの修正などはできない。

そこで、元の表を編集する。ここではわかりやすいようにセルを塗りつぶした。

貼り付けた先の表のセルも塗りつぶされ、自動で反映されていることがわかるだろう。

意外にできない、サイズが違う表を自由に並べる必殺テク

達人は折りたたみと非表示を活用している

　本書では多くの表・グラフ作成達人に取材をして、色々と便利な機能を教えていただき、Excelのテクニックはまだまだ多いと実感した。中でも改めて認識したのが、折りたたみと非表示の活用だ。

　Excelの本などを読むと、例えば、1年分のデータをまとめる際には、「シートで分類する」という方法がよく採用されている。すなわち、1月から12月までのシートを作成して、1年分のデータをまとめるわけだ。もちろん、それでもかまわないのだが、達人は、シートごとに分かれてしまうと一覧性が低くなると、おしなべて言う。そこで、折りたたみと非表示を活用するわけだ。

　折りたたみは、アウトラインというのが正式名称で、行・列の一部をたたんでおける。非表示も同じような機能で、行・列の一部を表示しないようにできる。

　どちらも、一時的にデータを隠しておけるのだが、「隠す・表示する」が簡単にできるのがアウトラインだ。非表示では再度表示するのがちょっと面倒になる。何度も隠したり表示したりを繰り返すなら、アウトラインを使い、滅多に開かないなら非表示を利用しよう。

　例えば、プレゼンで使う表で原価などを隠しておきたいなら、非表示をおすすめする。アウトラインだと、操作が簡単すぎるので間違って表示してしまうことがあるからだ。

○アウトラインは小計で使うと便利

　アウトラインは小計機能を利用して使うと便利だ。まず表を、小計で集計する項目で並べ替えよう。画面の例なら、「品名」ごとに小計したいので、品名で並べ替えておく。続いて小計コマンドを実行すれば、自動でアウトラインが設定されて折りたたみが可能になる。集計表にアウトラインを利用したいときにはおすすめの簡単な方法だ。

集計表を最初に並べ替えておく。ここでは「品名」で並べ替えた。

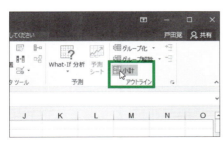

続いて「データ」タブから「アウトライン」－「小計」を実行する。

達人は折りたたみと非表示を活用している

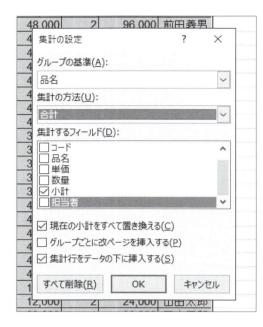

ダイアログが開いたら、詳細を決める。今回は品名で小計するので「グループの基準」は「品名」になる。また、「集計の方法」は「合計」としたが、他にも「平均」などが選べる。「集計するフィールド」は集計をするデータを指示するので「小計」だ。

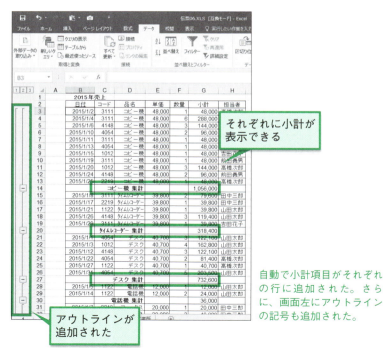

それぞれに小計が表示できる

アウトラインが追加された

自動で小計項目がそれぞれの行に追加された。さらに、画面左にアウトラインの記号も追加された。

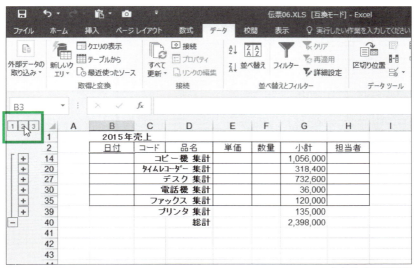

達人は折りたたみと非表示を活用している

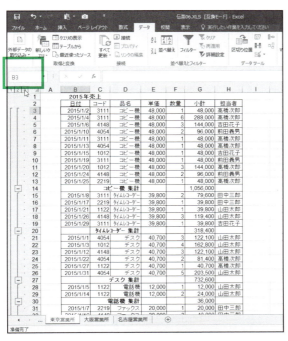

アウトライン記号の上「2」のボタンをクリックすると、アウトラインが一気に折りたたまれて、それぞれの品目の小計と総計を表示できる。商品ごとの売上を一覧したいときには、とても役立つ。

同様に「3」をクリックすると元に戻してすべて表示する。

43

非表示にしたい場合は表示したくない行や列を選択して、右クリックから「非表示」を実行すれば良い。

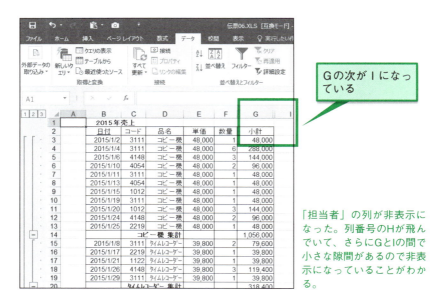

「担当者」の列が非表示になった。列番号のHが飛んでいて、さらにGとIの間で小さな隙間があるので非表示になっていることがわかる。

◯ 再表示するには

　非表示になっている行や列を再度表示するには、非表示になっている部分を含むように前後の行や列をまとめて選択しておき、右クリックで「再表示」を選べば良い。

非表示になっている行や列を含むように選択して、右クリックから「再表示」を実行する。

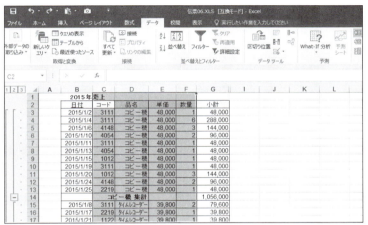

あまり使われていないけれど必修のインデント

　Excelでインデント機能を使っている人がとても少ない。インデントを利用しても、微妙な違いしかないのだが、表の見やすさ向上には大いに役立つのでぜひ使っていきたいものだ。

　インデントを使う場面は、表の数値やデータがくっついて見づらいとき。中央揃えにすると見やすくなる気がするのだが、数値は桁が揃わず、仕事の表としては最悪になってしまう。インデントを使えば、表の端からの密着が解消できて、かつ、桁の整列が崩れずにとても見やすいのだ。

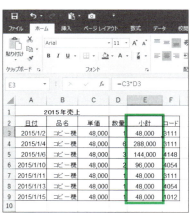

この表では、「小計」と「コード」の数値がくっついていてとても見づらい。

苦肉の策で数値を中央揃えにしてみると、今度は桁が揃わないため、よけいに見づらくなる。集計などに使う数値は、あくまでも右揃えが基本だ。

そこで、インデントの設定がおすすめだ。設定したいセルを範囲指定して、右クリックから「セルの書式設定」を実行する。

あまり使われていないけれど必修のインデント

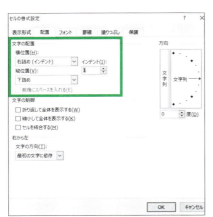

「セルの書式設定」ダイアログが開いたら「配置」タブで「横位置」を「右詰め（インデント）」に設定する。ここでは、インデントの幅を「1」とした。

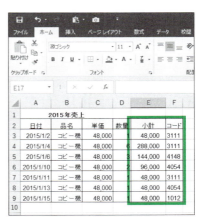

右側にスペース（インデント）が設定されて見やすくなった。

47

ベテランだから見逃してしまう便利な「テーブル」とは

　テーブルという機能をご存じだろうか？　ボタンを1回クリックするだけで、表が見栄え良く装飾でき、さらに集計もこなせる機能だ。ちょっとした表を作成するなら、これほど楽な方法はないのだが、ベテランユーザーの多くが使っていない。

　比較的新しい機能なので、見落としているユーザーが少なくないのだ。また、詳しい人ほど、「自分でいちから作りたい」と、この手の自動処理機能を敬遠しがちなのだが、作業時間の短縮にはとても役立つので、ぜひ利用したい。

○ テーブルに設定する

　すでに完成している表をテーブルに変換するのが基本的な手順だ。まず表を作り上げてから作業していこう。

シンプルな表が出来上がった。テーブルにするなら装飾はしなくて大丈夫だ。

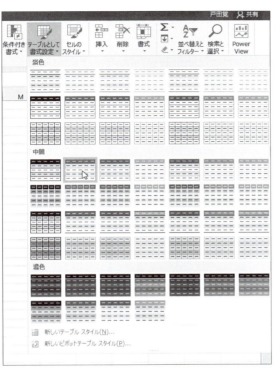

「ホーム」タブより「スタイル」-「テーブルとして書式設定」をクリックし、好みのデザインを選ぶ。1行おきの色変更も一発だ！

ベテランだから見逃してしまう便利な「テーブル」とは

範囲の確認を促されるが、普通は表が自動で選択されるはずだ。問題なければ、「OK」をクリックする。

テーブルが完成した。見た目も一発で整えてくれる。

49

◯ テーブルを活用しよう

　テーブルでは、データの抽出が簡単に行える。各項目に自動でフィルターボタンが設定されるので、クリックして表示したいデータを絞り込める。また、集計セルを追加することも可能。こちらは、「テーブルツール」を使う。

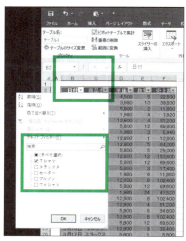

各項目の右に設定された▼マークをクリックするとフィルターが利用できる。表示したいデータを絞り込むことができる。

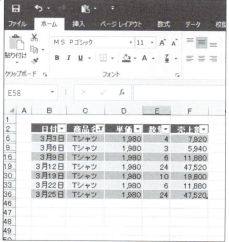

「Tシャツ」のみのデータを表示できた。

50

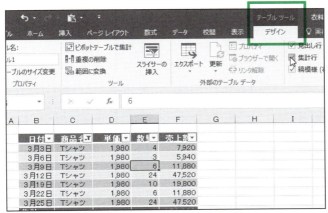

テーブルとして書式設定された表をクリックすると、メニューに「テーブルツール」が表示される。「集計行」の追加や、縞模様のデザインの有無もここで指定可能だ。

POINT

テーブルを解除するには、テーブルとして書式設定された表をクリックして「テーブルツール」メニューを表示する。「ツール」-「範囲に変換」をクリックすれば、元の表に戻る。ただし、装飾は残るので、それも削除したいなら「テーブルスタイル」で書式をクリアにしておくこと。テーブルを解除して装飾だけ利用すれば、1行おきの網掛け装飾が簡単にできるわけだ。

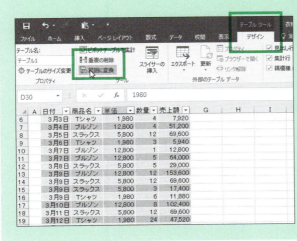

テーブルを解除するには、「テーブルツール」より「ツール」の「範囲に変換」をクリックする。

ベテランだから見逃してしまう便利な「テーブル」とは

単純なのに便利な「名前の定義」使ってますか？

　Excelにはシンプルだけど便利な機能がいくつもある。前出のテーブルもその1つだが、さらにわかりやすいのが「名前の定義」だ。名前の定義とは、範囲や数式などに名前を付けて簡単に使い回そうという機能だ。

　例えば、範囲に名前を付けておけば、次から簡単に選択できるようになる。一発で選べるのだからとても楽だ。名前の定義の基本的な使い方と、ちょっとした使いこなし方を紹介しよう。

名前ボックスに「名前」を入力する

名前の定義は簡単で、範囲を選択した状態で左上の名前ボックスに付けたい名前を入力すれば良い。

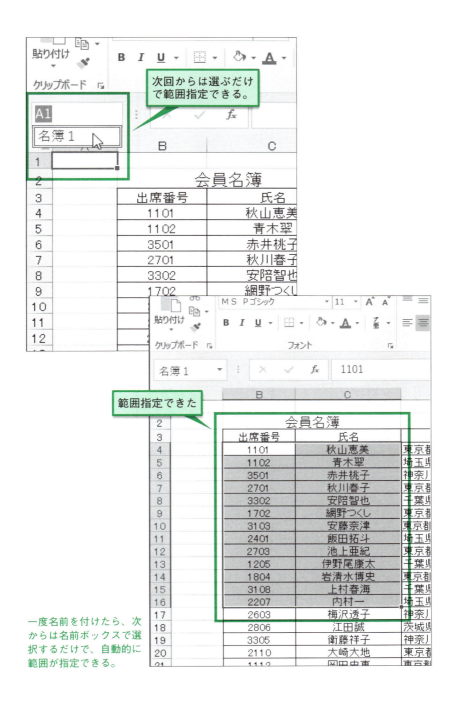

単純なのに便利な「名前の定義」使ってますか？

53

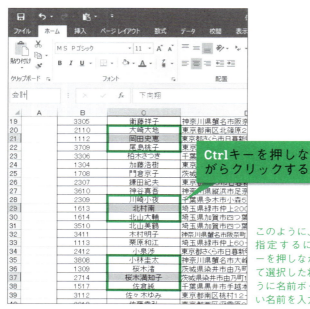

Ctrlキーを押しながらクリックする

このように、離れた範囲を指定するには、「Ctrl」キーを押しながらクリックして選択した状態で、同じように名前ボックスに付けたい名前を入力すれば良い。

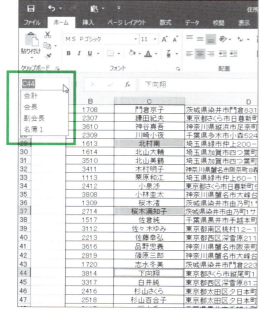

例えば、会員名簿で役割を登録しておけば、リストから選ぶだけですぐに選べるようになる。

別のシートにテーブルを作成した場合にも、範囲に名前を付けておくと参照が楽だ。

「データの入力規則」で範囲を指定する際に、別のシートをいちいち開く必要がなくなる。「元の値」に「=（名前）」と入力するだけでOK。

簡単に入力規則が設定できた。

単純なのに便利な「名前の定義」使ってますか？

55

入力ミスを防ぐちょいワザ

　Excelの分析達人は、誰もが「元データを疑う」と口にしている。つまり、人が入力したデータにはミスがあることを想定して作業を進めているのだ。確かに大量の数値を機械的に入力するとミスも起きるだろう。しかも、日本語の誤字脱字などとは違って、チェックが非常にしづらい。「123456」と入力するべきところを「1233456」とミスしていても、見つけるのは大変だ。そこで、ぜひ使いたいのが入力規則の利用だ。

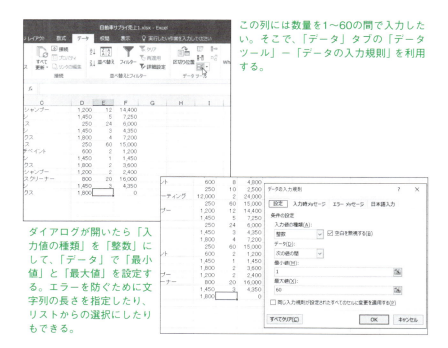

この列には数量を1〜60の間で入力したい。そこで、「データ」タブの「データツール」―「データの入力規則」を利用する。

ダイアログが開いたら「入力値の種類」を「整数」にして、「データ」で「最小値」と「最大値」を設定する。エラーを防ぐために文字列の長さを指定したり、リストからの選択にしたりもできる。

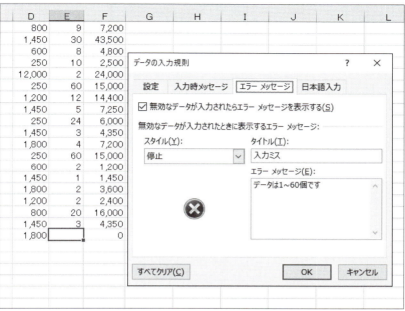

「エラーメッセージ」も指定しておこう。スタイルを「停止」にすると、ミスしたデータは入力できなくなる。「タイトル」や「エラーメッセージ」も設定しておくとわかりやすい。

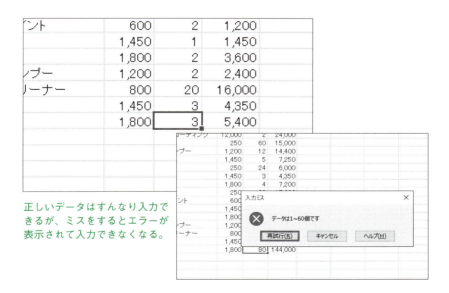

正しいデータはすんなり入力できるが、ミスをするとエラーが表示されて入力できなくなる。

入力ミスを防ぐちょいワザ

57

美しい表を
作るコツ
「ベスト3」

　表を美しく仕上げるコツを3つ紹介しよう。とはいえ、普通に美しい表を作る方法は、すでに相当語られている。ここでは、ちょっと応用的な作り方を3つに絞って紹介していこう。

　基本的には、「目盛線」をオフにすることで表はとても美しく見えるようになる。今回取材したZaimの綿島さん（158ページ）は、罫線に点線を使うことで表を美しく見せる工夫をしていた。確かに、通常の罫線より柔らかな感じがして美しい。印刷するときにはそのままで良いのだが、画面で表示する際には、「目盛線」の非表示がさらに罫線を美しく見せるはずだ。

商品名	日付	個数	単価	小計	担当者
ボールペン	2月25日	48	200	9,600	山下
ボールペン	2月26日	12	200	2,400	田中
ボールペン	2月27日	24	200	4,800	渡辺
ボールペン	2月27日	60	200	12,000	渡辺
ボールペン	2月28日	12	200	2,400	田中
ボールペン	2月28日	36	200	7,200	山下
シャープペン	2月26日	12	300	3,600	山下
シャープペン	2月26日	48	300	14,400	渡辺
シャープペン	2月26日	36	300	10,800	田中
シャープペン	2月28日	24	300	7,200	渡辺
万年筆	2月25日	12	1500	18,000	山下
万年筆	2月26日	12	1500	18,000	山下
合計				110,400	

よくありがちな表。これでも十分に美しいのだが、ライバルと差をつけたいならもう少しこだわっても良いだろう。

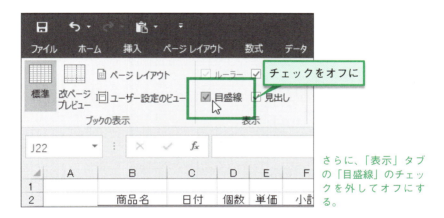

そこで、罫線を二重線や点線に置き換えてみた。普通の罫線では強すぎるからだ。

さらに、「表示」タブの「目盛線」のチェックを外してオフにする。

目盛線が表示されなくなった

目盛線を消すと点線が引き立ってより美しく感じるだろう。

美しい表を作るコツ「ベスト3」

59

○ 白い罫線を使う

　Excelで作ったとは思えないような表を作成する方法を紹介しよう。目盛線をオフにして白い罫線を利用するのだ。すると、セルが１つ１つタイルのように表示できる。人が作っていない見栄えの良い表を作りたいならおすすめの方法だ。

普通に作った表。こんな表でも作業には十分だが、見た目はイマイチだ。

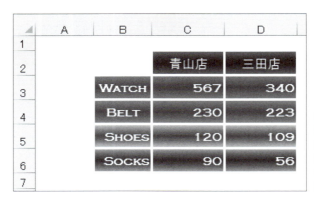

そこで、セルを塗りつぶして罫線を白くした。さらに目盛線を非表示にすれば、こんなタイルのような表が出来上がる。

罫線を白くする設定は非常に操作しづらいので、最初に黒などの色で罫線を設定し、うまくできたら白に変更すると良い。

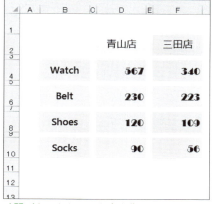

時間があったらこんな表を作ってみてはいかがだろう？

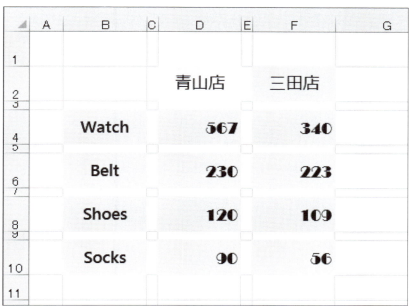

右上の表はタネをあかすとこのようになっている。罫線の代わりにセルを利用しているのだ。式さえきちんと作れば計算も利用可能だ。

美しい表を作るコツ「ベスト3」

○ L字形の表でデータが見やすくなる

　各種の分析データなどを見ていると、L字形を利用した表をよく見かける。ところが、Excelではこんな表を作る機能が用意されていない。そこで、ちょっと面倒だが、セルの幅や高さを調整して作ってみよう。印刷したときのわかりやすさは、通常の表よりも数段上だ。特に、階層のあるデータを扱う際にはおすすめだ。

	A	B	C	D	E	F	G	H
1								
2				日本			海外	
3			大阪	東京	名古屋	アメリカハワイ店	アメリカサンフランシスコ店	中国上海店
4		インターネット	354	789	209	90	134	20
5		カタログ	90	109	120	45	34	0
6		通販合計	444	898	329	135	168	20
7		直販	213	349	209	330	234	870
8		フランチャイズ	398	789	980	0	120	230
9		店頭合計	611	1,138	1,189	330	354	1,100
10		総合計	1,055	2,036	1,518	465	522	1,120
11								

このような表を作成したとしよう。通販と店頭の合計を算出しており、さらに総合計も表示している。こんなスタイルの表を作る人が多いのだが、実はわかりにくい。

	B	C	D	E	F	G	H	I	J	K	L
1											
2						日本			海外		
3									アメリカ		中国
4					大阪	東京	名古屋	ハワイ店	サンフランシスコ店	上海店	
5				売上合計	1,055	2,036	1,518	465	522	1,120	
6				通販	444	898	329	135	168	20	
7				インターネット	354	789	209	90	134	20	
8				カタログ	90	109	120	45	34	0	
9				店頭	611	1,138	1,189	330	354	1,100	
10				直販	213	349	209	330	234	870	
11				フランチャイズ	398	789	980	0	120	230	
12											
13											
14											

L字形が見やすい

プロが作るL字形の表はこのようになる。通販や店頭のどこまでを集計しているかとてもわかりやすい。

62

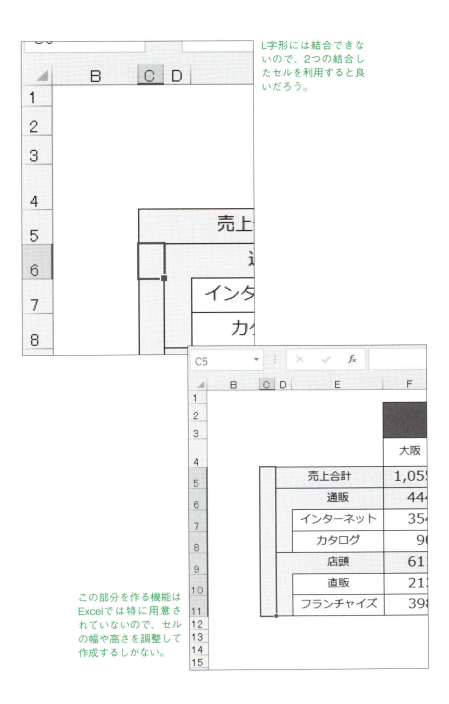

L字形には結合できないので、2つの結合したセルを利用すると良いだろう。

この部分を作る機能はExcelでは特に用意されていないので、セルの幅や高さを調整して作成するしかない。

美しい表を作るコツ「ベスト3」

○ 色々なセルを同じ書式にするワザ

　同じ書式を使い回す際に、書式のコピーを利用しているだろうか？　これは、古くからの定番機能なのだが、意外にもまだ使っていない人もいる。まず、書式をコピーしたい元のセルをクリックして選択した状態で、「書式のコピー」機能をクリックする。マウスポインターが刷毛のマークに変わったら、コピー先をクリックするのだ。

　さて、この機能はとても便利なのだが、多くのセルに利用するにはちょっと面倒だ。そんなときにはコピー後に「Alt、E、S」とショートカットを押していく方法もあるのだが、こちらも面倒。

　そこで、おすすめなのが「Shift＋F8」を利用する方法だ。このショートカットを押すと「範囲指定に追加」モードになる。クリックしたセルをどんどん範囲指定に追加していけるので、必要なセルを追加後にまとめて装飾すれば良い。

書式をコピーするには、コピー元のセルを選択した状態で、刷毛のマークの「書式のコピー」ボタンをクリックする。

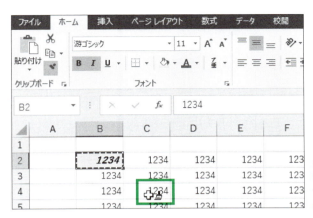

カーソルが刷毛マークに変わったら貼り付ける先をクリックすれば良い。

書式だけがコピーできた。

複数のセルを同じ書式にしたいなら、まず「Shift+F8」を押して「選択範囲に追加」モードにする。画面左下にこの表記がでれば準備完了だ。

美しい表を作るコツ「ベスト3」

続いて複数のセルをクリックしてどんどん範囲指定する。

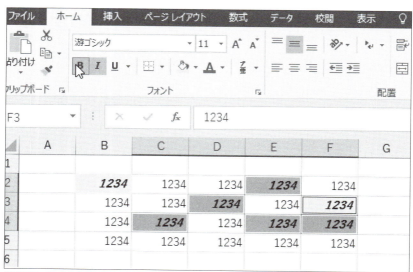

選択後に書式を設定すれば、一気に装飾できる。

グラフ作りを極める

CHAPTER 2

この章では、
グラフをより見やすく美しく作るポイントを紹介する。
数値を可視化するのがグラフの役目だけに、
見せる側と見る側が、
同じ意識のもとに数値を見られることが大前提なのだ。

見やすいワザあり グラフを作る 8つのポイント

　Excelではボタンを数回クリックするだけでグラフが完成する。簡単にできた割には、見た目がとても美しく、「もうそれで十分だ」と思う方も少なくないだろう。

　ところが、達人の作るグラフは美しいだけでなく、情報が伝わりやすい。果たして、その違いはどこにあるのだろうか？　ここでは、ビジネスの現場で確実に役立つグラフ作成ポイントを8つ紹介しよう。単に派手なグラフを作るだけでは失格。論理的に見やすいグラフを作っていこうではないか。

◯ これがベーシックに見やすいグラフだ

　2つのグラフを見比べていただきたい。一瞬左の3Dグラフの方が上手に思えるのだが、よく見ると右のグラフの方がはるかに見やすくないだろうか。まずは、なぜ見やすさが違うのかを考えていこう。

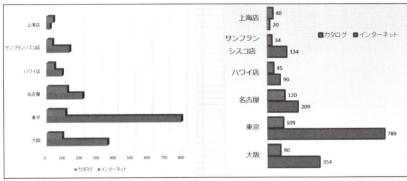

一見、左のグラフの方が凝っている3Dグラフで見やすいと思うかもしれないが、実際には大きな差がある。

　なぜこんなに見やすさが違うのか、詳しくポイントごとに説明していこう。なお、カラーのグラフ（6ページ）をご覧いただいた方が、違いがはっきりわかるので確認して欲しい。

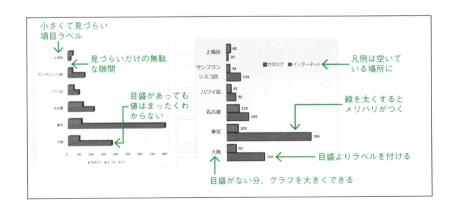

ポイント 1 目盛はいらない

　目盛や目盛線は本当に必要だろうか？　そもそも棒グラフの場合は、どちらが数字が多いかは見ればわかる。グラフの要素を見ても把握しづらい微妙な違いなら、いっそ元データの数値を見たいはずだ。だから、目盛をやめてラベルを付けた方が適切なケースが少なくない。

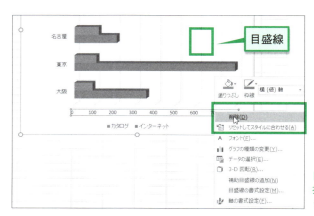

目盛はクリックして選択した後で、右クリックで「削除」できる。

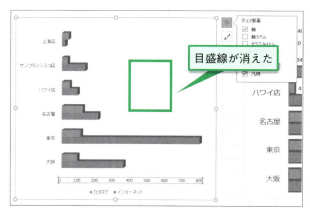

目盛線は、「グラフ要素」でチェックをオフにすれば消せる。

ポイント 2 3Dをやめてしまおう

　これは好み次第だが、3Dグラフは見づらいだけなので、より一般的な2D棒グラフに変更しても良いだろう。手順は簡単で、「グラフ種類の変更」で行う。

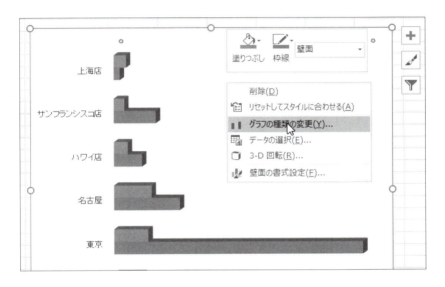

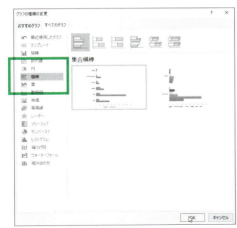

「グラフ種類の変更」で3Dをやめてシンプルな「横棒」にしてしまおう。

見やすいワザありグラフを作る8つのポイント

71

ポイント 3 間隔を狭くしよう

棒グラフなら、要素同士の隙間が大きい意味はあまりない。棒がある程度くっついている方が差異が比較しやすいものだ。メリハリは右ページのポイント4の枠線を太くすることで対応できる。

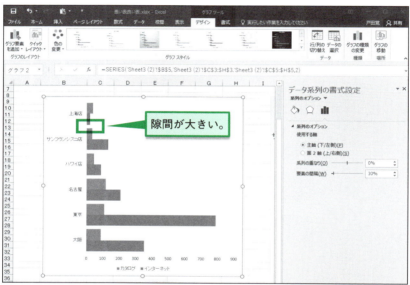

棒グラフを右クリックして「データ系列の書式設定」で「要素の間隔」を調整すれば良い。棒の太さに対して間隔をどの程度の割合にするか決めるのだ。僕は30〜50%程度にしている。

ポイント 4 太めの線で囲おう

　棒に太めの枠線を設定すると、メリハリがついて、かなり見やすくなるはずだ。特に薄めの色で塗る際には棒が際立ってくる。枠線を太くすると棒同士が重なってしまうので、気になるようなら「系列の重なり」で調整する。このあたりは好みでOKだ。

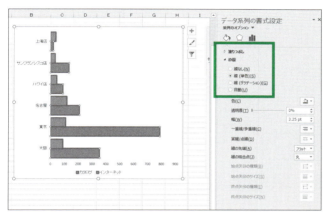

棒グラフを右クリックして「データ系列の書式設定」で「塗りつぶし」の「線」で枠線を太めにセットする。

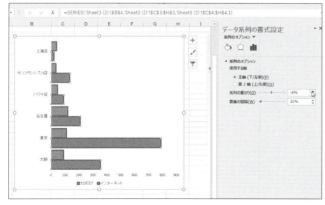

棒同士の重なりが気になるなら、「系列の重なり」で調整する。

ポイント 5 データラベルを付ける

　目盛を削除して、データラベルを付けよう。数値を把握したい人は、データを見た方が絶対にわかりやすいので、この設定は多くのケースで有効なはずだ。

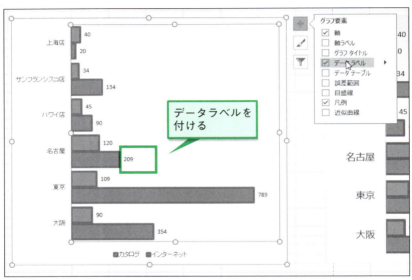

データラベルは、「グラフ要素」でチェックを付ければOKだ。

ポイント 6 凡例を余白に

　棒グラフや折れ線グラフなどではかなり余白があるはずだ。凡例はそんな空きスペースに移動することで、グラフの要素が大きくできる。ただし、単にドラッグして移動するだけではグラフが大きくならない。「凡例のオプション」を変更しておこう。なお、朝日新聞のグラフを作っている瓜田氏（166ページ）は、凡例を付けるケースはほとんどないという。こちらも非常に参考になるので注目したい。

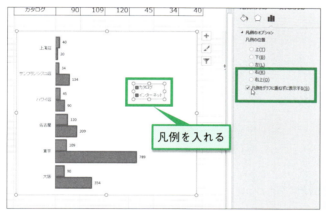

凡例はドラッグで空きスペースに移動できる。

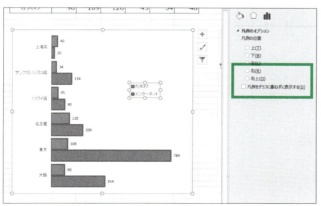

凡例を右クリックして書式設定を開き、「凡例をグラフに重ねずに表示する」でチェックをオフにするとグラフが大きくなる。

ポイント 7 項目ラベルを大きく

　標準の項目ラベルは小さくて見づらい。そこで、クリックして選択しフォントサイズを大きくしてしまおう。さて、問題はラベルに長い文字列があるケースだ。やたらに場所を取るので、折り返したいところ。実は、このテクニックは、知る人ぞ知る方法。操作は簡単で、元の表にある文字列を「Alt＋Enter」で折り返してしまえば良い。

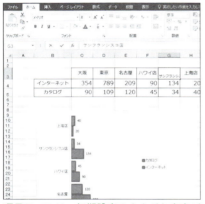

項目ラベルは、初期設定のままだと文字が小さくて読みづらい。

まずは長い項目を折り返そう。元の表のラベルを「Alt＋Enter」で折り返せば良い。

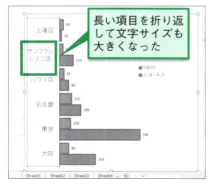

あとはラベルを大きくすればOKだ。

ポイント 8 背景はグラデーションがおすすめ

　グラフの背景は、グラデーションがおすすめだ。背景はなしにしたり単色にしたりするよりも、グラデーションの方がグラフの大小の違いが見やすくなる。縦棒グラフなら横、横棒グラフなら縦に色の変わるグラデーションがおすすめだ。

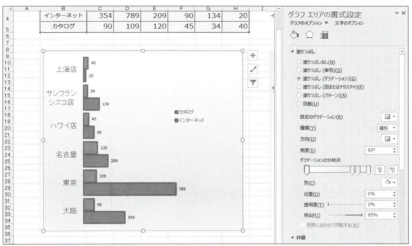

背景は「グラフエリアの書式設定」で簡単に変更できる。あまり色の濃くないグラデーションがおすすめだ。

複合グラフを
簡単に作る

　複合グラフとは、折れ線グラフと棒グラフ、円グラフと棒グラフなど別の種類のグラフを組み合わせたものだ。2軸のグラフともいわれる。

　昔は、とりあえず複数の項目を持つグラフを作っておき、一部を別のグラフへと種類を変更するなど、かなり面倒な作業で作っていた。ところが、Excel 2013や2016ではグラフを組み合わせる機能が採用されており、とても簡単に作成できるので、ぜひ覚えておきたい。

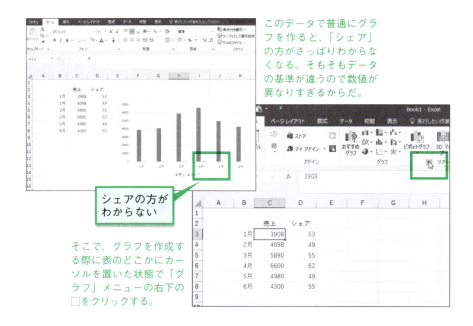

このデータで普通にグラフを作ると、「シェア」の方がさっぱりわからなくなる。そもそもデータの基準が違うので数値が異なりすぎるからだ。

シェアの方が
わからない

そこで、グラフを作成する際に表のどこかにカーソルを置いた状態で「グラフ」メニューの右下の□をクリックする。

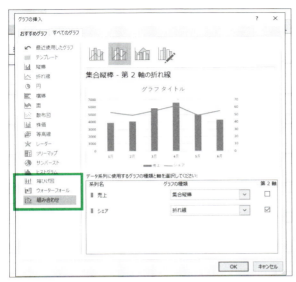

「グラフの挿入」のダイアログが開いたら「すべてのグラフ」タブをクリックし、「組み合わせ」を選ぶ。これだけで複合グラフが出来上がる。

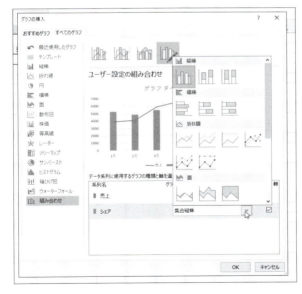

画面下のボックスで選択すれば、グラフの種類を変更可能だ。

複合グラフを簡単に作る

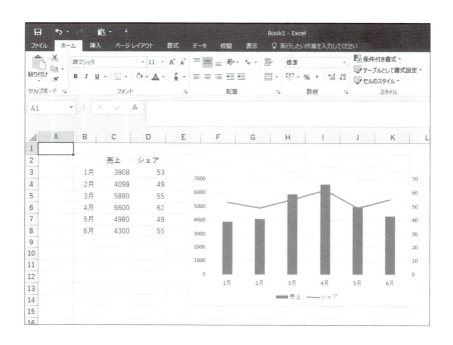

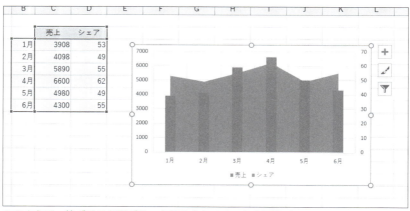

このように、棒グラフと面グラフを組み合わせることも可能だ。

Excel 2016の
グラフがすごい

　Office 2016はあまり話題になっていない。それもそのはず、Office 2013と機能がほとんど変わらないからだ。Excel 2016も基本的な操作性はほとんど変わっていないのだが、グラフの種類が増えているのはとても魅力的なのである。

　ここでは新しく追加されたグラフを紹介しよう。最近パソコンを買った人は、インストールされているExcel 2013から無料でExcel 2016へとアップグレードできる可能性が高いので、一度調べてみよう。無料なら、アップグレードすることをおすすめする。動作速度が遅くなることもなく、新しいグラフが使えるなど、メリットが少なくないからだ。

　ここでは、新たに追加されたグラフの中から、目立つものをいくつか紹介していく。

◯ サンバースト

サンバーストは、いわゆるドーナツグラフに見えるのだが、一番の違いは階層でデータを視覚化できることだ。下の例では、左の表にある地域別のデータを円グラフで示しているのだが、各地域の割合（外側）だけでなく、関東・関西の割合（内側）が把握できるのだ。

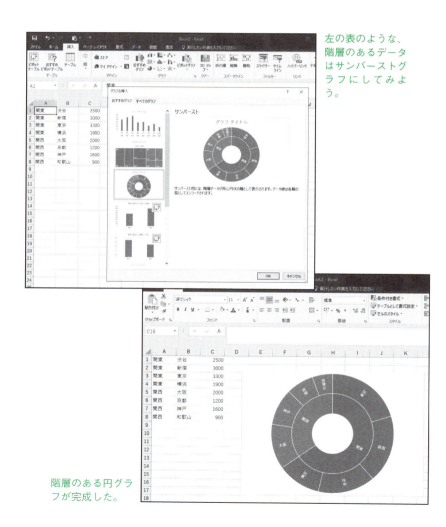

左の表のような、階層のあるデータはサンバーストグラフにしてみよう。

階層のある円グラフが完成した。

○ ツリーマップ

　考え方はサンバーストと同じだが、こちらは面積でデータの量を視覚的に見せる。もちろん、階層も含めて判断できるのがポイントだ。こちらも、グラフの元になる表が正しくできていないとうまく機能しないので、まずは、左ページのサンプルの表を参考に試してみて欲しい。

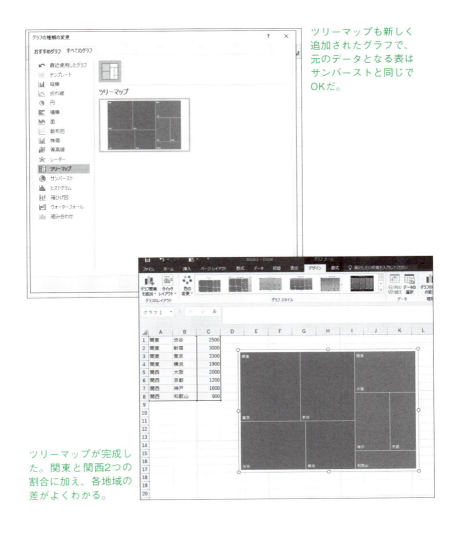

ツリーマップも新しく追加されたグラフで、元のデータとなる表はサンバーストと同じでOKだ。

ツリーマップが完成した。関東と関西2つの割合に加え、各地域の差がよくわかる。

Excel 2016のグラフがすごい

◯ ウォーターフォール

　ウォーターフォールは、ビジネスの利益算出などでよく使われるグラフだ。例えば、利益と費用のそれぞれをまとめたデータをグラフ化することで、どのように儲けが出ているのかが、視覚的にわかる。

　これまでは、積み重ね棒グラフの一部の塗りつぶしをなしにするなど、かなり面倒な作業で作っていたのだが、Excel 2016では一発で作れるようになっている。

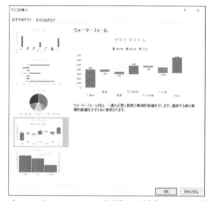

ウォーターフォールも新しく追加されたグラフだ。

このような、利益と費用が混在する表をグラフ化するのに向いている。

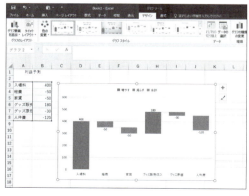

利益が積み上がり、費用を差し引いて結局いくら儲けが出るかがわかる。

オリジナルの
ツリーマップを作る

　最近は、インフォグラフィックが流行している。インフォグラフィックとは、データをイラストなどで視覚化したものだ。Excelでも普通にグラフを作っているだけでは目立たないので、「どうやって作ったんですか？」といわれるようなグラフ作成方法も紹介しておこう。

　ツリーマップを自在に作るのだ。「Excel 2016のツリーマップでは塗りつぶしが自動で思い通りにならない」と思っている方、「そもそもExcel 2013以前のバージョンだから作れない」という方におすすめだ。

　作業は簡単で、Excelを方眼紙に変更し、セルを結合して"面"を作っていく。それぞれのマスに、データを入力したら、「条件付き書式」で色を塗り分けるのだ。

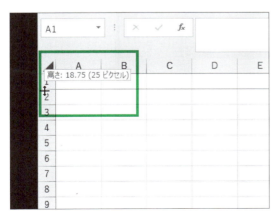

Excelはバージョンによってセルの高さが違うので、まずは境目をクリックして「高さ」を調べる。

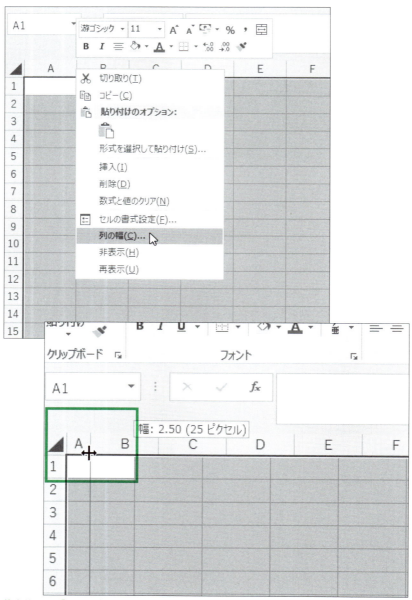

基本的には「列の幅」を行の高さと合わせれば良い。「Ctrl+A」でシート全体を選択して、境目をドラッグで高さと幅を同じにしてもOKだ。なおツリーマップを自作するだけなら、高さと幅はまったく同じではなくても問題はない。

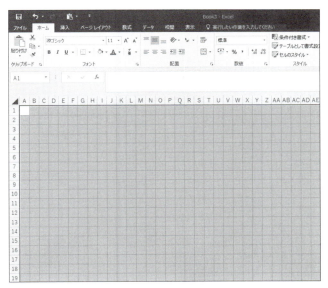

方眼紙が完成した。

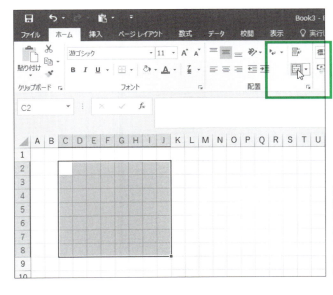

方眼紙のエリアを選択して結合する。データの大小に合わせて目分量で大きさを決めていくのが手っ取り早い。

オリジナルのツリーマップを作る

87

	A	B	C	D	E	F	G	H	I	J	K	L	M	N	O	P	Q	R
1																		
2																		
3											402						220		
4																		
5					567													
6																		190	
7											378								
8																189		
9																		
10																178		
11					489				330				280		80	
12																78		
13																		
14																		

このようにエリアをまとめ、それぞれに数値を入れる。

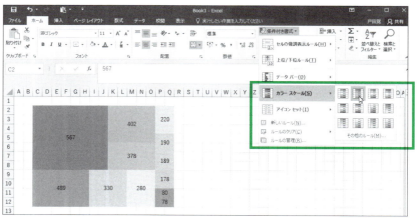

「条件付き書式」の「カラースケール」でデータの大小に合わせて自動で塗り分ける。

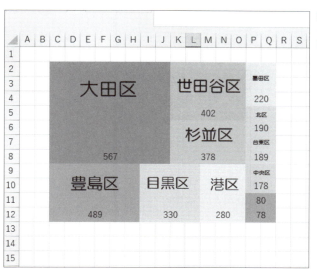

続いて、テキストボックスを利用して項目名を入れていく。

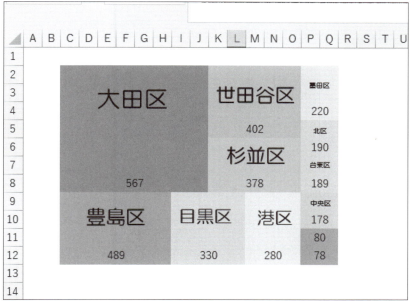

最後に目盛線をオフにすれば、オリジナルツリーマップの完成だ。表と並べたいなら他のシートへカメラ機能で貼り付けることもできる。

オリジナルのツリーマップを作る

バブルチャートで可視化達人になろう

　バブルチャートは、3つ指標がある数値を視覚的に表示できる。例えば、棒グラフや折れ線グラフは2つだが、バブルチャートは円の大きさで3つめの指標を表示できる。2Dで3つの指標を使えるグラフは少ないのでぜひ活用していこう。

一般的なバブルチャートは、このように3つの指標を表す際に使う。

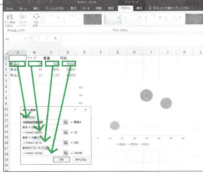

系列のデータはこのように指定する。

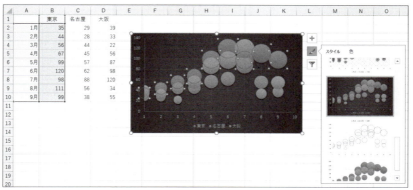

時系列のデータを利用した散布図を作ると、折れ線グラフ的な役目も持たせることができる。

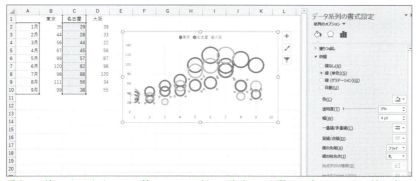

バブルチャートは円形が重なると下のデータが見えなくなる。

重なりが気になるときには、塗りつぶしがないデザインを選ぶと良いだろう。線は太めで色をカラフルにすると見やすい。

バブルチャートで可視化達人になろう

新聞のグラフ作成テクを盗もう

　166ページで紹介する朝日新聞でグラフを作成している瓜田氏のテクニックのいくつかを、Excelで採用する方法を紹介していこう。

　新聞にはシンプルでサイズも小さいが見やすいグラフが揃っている。ビジネスの書類にも十分に役立つノウハウが満載だ。ここではExcelで簡単に再現できる例をいくつか紹介する。

○ 色はシンプルに薄めに

　グラフの配色ではまず原色は使わない。塗りつぶす際には薄い色を使う。また、モノクロで印刷する際にも網は一切使わない。濃淡で塗り分けた方が美しくなるからだ。

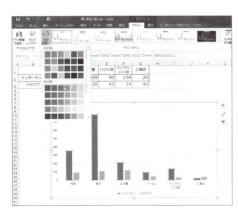

色の選択は、グラフをクリックして「グラフツール」―「デザイン」の「グラフスタイル」―「色の変更」で行えば良い。モノクロも濃淡でうまく表現できる。もし、気に入らない場合にはグラフの要素を1つひとつクリックして変更していくしかない。

◯ 凡例は付けない

　凡例は原則として付けない。表示はグラフの要素に矢印や線を引いてラベルを表示する。Excelでは、作図機能を利用して作成していけば良い。凡例の表示に比べるとちょっと面倒だが、狭いスペースでより見やすくするための効果は絶大だ。

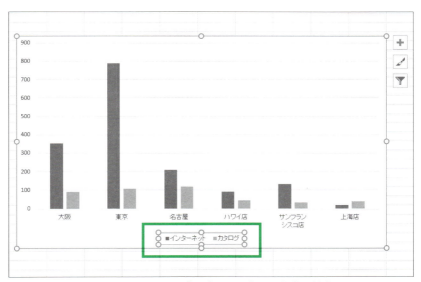

凡例はクリックして選択した状態で、「Del」キーを押すと簡単に削除できる。

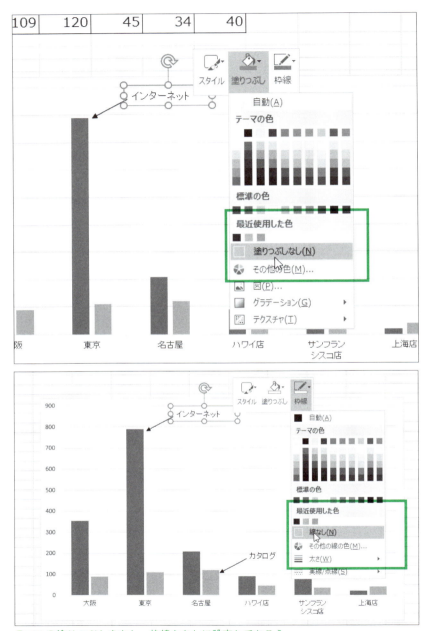

ラベルの塗りつぶしをなし、枠線もなしに設定しておこう。

○ 言いたいことをより強調する

　新聞のグラフを見ていると、何を言いたいか明確に伝えるためのサポートの装飾が目立つ。一部を線で指示してコメントを書き込んでいるものも少なくない。線による指示は簡単なので、ここでは塗りつぶす方法を紹介しよう。

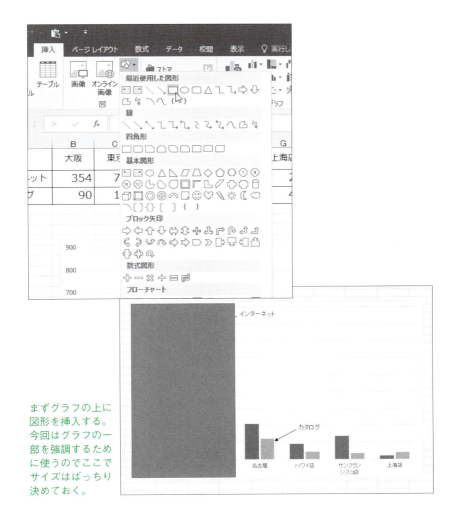

まずグラフの上に図形を挿入する。今回はグラフの一部を強調するために使うのでここでサイズはばっちり決めておく。

新聞のグラフ作成テクを盗もう

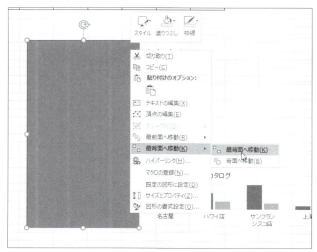

挿入した図形を「最背面へ移動」し、グラフエリアの塗りつぶしをなしにする。図形を透過する方法もあるが、文字と重なって読みづらくなるので図形をバックに敷くのがおすすめだ。

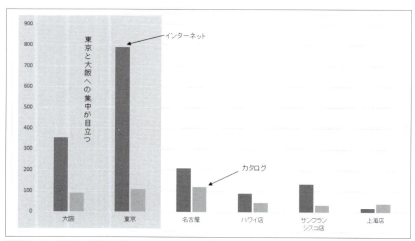

強調したい部分に図形を敷いてコメントを書き込んだ。言いたいことがより伝わりやすくなった（6ページ参照）。

計算と関数を
うまく使う
ポイント

CHAPTER 3

SUM関数を使った集計ならもう十分に使いこなしている。
ただし、その次のステップに踏み出せていない
という方のための、
便利な計算と関数のテクニックを紹介していく。
仕事で役立つものが連発だ。

関数のハードル「IF」をひょいと越える

　Excelには、関数を意識しないで使える工夫がされている。「Σ」マークでおなじみの「合計」機能を使えば良いのだ。この機能は、設定を変更するだけで平均や数値を数えるといった役割に変更もできる。

　こういった簡単な機能は大歓迎だが、簡単に使えてしまうからこそ、本来の数式や関数を使いこなせない人が少なくない。仕事に使う関数で、もう一歩を踏み出したいなら、一番おすすめなのが論理関数の「IF」だ。

　論理関数と聞くと頭が痛くなりそうだが、そう難しい話ではない。IFはその意味の通り「もし」ととらえれば良いだろう。一定の条件を定めて計算ができるようになる関数なのだ。例えば、「商品の中から『デスクの売上』だけを合計する」といった計算ができる。この際には、IF関数と組み合わせられた「SUMIF」という関数を使う。他にも、一定の条件で平均を出す「AVERAGEIF」や個数を数える「COUNTIF」などの関数が用意されており、どれも、似た使い方で利用可能だ。

「そんな関数を使わなくても、計算できるだろう」という考えも実は正しい。ところが、この式を使えるようになっておくと、さらに便利なことができるのだ。それは次の項で紹介するので、まずはIF関連関数の使い方を覚えておこう。

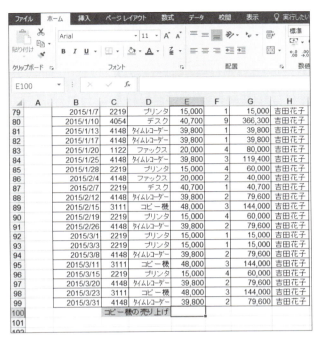

SUMIF関数を利用して「コピー機」の売上だけを合計してみよう。

SUMIF関数は、「数式」の「関数の挿入」「数学/三角」関数から選ぶ。

合計を出したいセルを選択した状態で関数の挿入ボタン「fx」をクリックして関数を選べば良い。

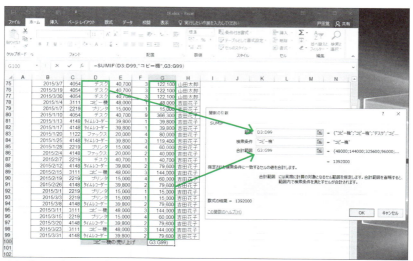

それぞれのダイアログの設定（引数）はこのようになっている。「範囲」では、調べたい範囲を指定する。今回なら商品の中から「コピー機」だけの合計を出すので、範囲は商品すべてになる。「検索条件」は、どの条件で調べるかを入力する。今回は当然「コピー機」だ。「合計範囲」は、合計計算をしたい範囲を指定する。今回は、小計が入力されているセルだ。

コピー機だけの売上が集計できた。

同様に、COUNTIF関数を使ってみよう。今度はデスクの売上個数を求める。つまり、この表の中でデスクを売り上げた行の数を調べるわけだ。伝票数と考えても良いだろう。

ダイアログの設定はもっと簡単で、調べる範囲を指定し、調べる項目（つまり「デスク」）を「検索条件」に入力すれば良い。

デスクは22件の売上があったことがわかる。巨大な表を利用するなら絶対に覚えておきたい機能だ。

論理式を組み合わせると最強だ

　IF関連の関数では、条件に比較演算子を利用できる。比較演算子と聞いて「？？」と思った方も、「以上、以下」と聞けば納得できるだろう。例えば、「売上が3万円以上の伝票は何枚あったか」「一度の注文が3個以下の平均売上は？」といった、ビジネスでは絶対に必要な条件を設定した計算ができるのだ。例えば、「売上3万円以上の顧客にDMを送ろう」「個数が多い人は売上も多いなら値引きしようか」といった分析にも役立つ。

　IF関係の関数に比較演算子を組み合わせるのはそう難しくない。小学校で習った「以上」「以下」などの記号だ。本来は、以上なら「≧」と記載するのだが、Excelでは「>=」となる。記号が入力できないためだ。このルールを覚えておけば、簡単に使いこなせるはずだ。

論理式はカンタン

以下 <= （A1<=100）：A1 セルが 100 以下の場合

以上 >= （A1>=100）：A1 セルが 100 以上の場合

より小さい／未満 < （A1<100）：A1 セルが 100 未満の場合

より大きい（A1>100）：A1 セルが 100 より大きい場合 （100 は含まない）

等しい（A1=100）：A1 セルが 100 の場合

金額が10万円以上の小計だけを合計してみよう。

関数はSUMIFを利用する。ダイアログの項目設定も基本的には前項と同じだが、「検索条件」のところに論理式が入るわけだ。ここでは、「>=100000」で、10万円以上を表している。

G3 ｜ ：｜ ✕ ✓ fx ｜ =AVERAGEIF(F3:F99,"<=3",G3:G99)

	A	B	C	D	E	F	G	H	I	J	K	L	M	N
72		2015/2/11	4054	デスク	40,700	3	122,100	山田太郎						
73		2015/2/23	1012	電話機	12,000	3	36,000	山田太郎						
74		2015/2/25	2219	プリンタ	15,000	2	30,000	山田太郎						
75		2015/3/7	4054	デスク	40,700	3	122,100	山田太郎						
76		2015/3/19	4054	デスク	40,700	3	122,100	山田太郎						
77		2015/3/30	4054	デスク	40,700									
78		2015/1/4	3111	コピー機	48,000									
79		2015/1/7	2219	プリンタ	15,000									
80		2015/1/10	4054	デスク	40,700									
81		2015/1/13	4148	タイムレコーダー	39,800									
82		2015/1/17	4148	タイムレコーダー	39,800									
83		2015/1/20	1122	ファックス	20,000									
84		2015/1/25	4148	タイムレコーダー	39,800									
85		2015/1/28	2219	プリンタ	15,000									
86		2015/2/4	4148	ファックス	20,000									
87		2015/2/7	2219	デスク	40,700									
88		2015/2/12	4148	タイムレコーダー	39,800									
89		2015/2/15	3111	コピー機	48,000									
90		2015/2/19	2219	プリンタ	15,000									
91		2015/2/26	4148	タイムレコーダー	39,800									
92		2015/3/1	2219	プリンタ	15,000									
93		2015/3/3	2219	プリンタ	15,000									
94		2015/3/8	4148	タイムレコーダー		2	79,600	吉田花子						
95		2015/3/11	3111	コピー機	48,000	3	144,000	吉田花子						
96		2015/3/15	2219	プリンタ		4	60,000	吉田花子						
97		2015/3/20	4148	タイムレコーダー	39,800	2	79,600	吉田花子						
98		2015/3/23	3111	コピー機	48,000	3	144,000	吉田花子						
99		2015/3/31	4148	タイムレコーダー	39,800	2	79,600	吉田花子						
100				コピー機の売り上げ			1,392,000							
101				デスクの伝票数			22							
102				10万円以上の売上金額合計			4,838,300							
103				3個以下の売上平均額			G3:G99							
104														

関数の引数　　　　　　　　　　　　　　　？　×

AVERAGEIF

範囲　　　　F3:F99　　　　　　　　　= {1;3;8;2;5;3;5;3;2;1;4;5;2;3;2;…

条件　　　　"<=3"　　　　　　　　　= "<=3"

平均対象範囲　G3:G99　　　　　　　= {48000;144000;325600;96000;…

　　　　　　　　　　　　　　　　　　= 63771.21212

特定の条件に一致する数値の平均 (算術平均) を計算します。

　　　　範囲　　には、評価の対象となるセル範囲を指定します。

数式の結果 =　63,771

この関数のヘルプ(H)　　　　　　　　　　　　　OK　　キャンセル

同様に、一度の注文個数が3個以下の場合の平均売上額を出す。こちらも、「検索条件」に論理式（＜＝3）が入る。

| クリップボード | ⌐ | | フォント | | ⌐ | | 配置 | | ⌐ | 数値 | ⌐ | スタイ |

G103 ｜ ：｜ ✕ ✓ fx ｜ =AVERAGEIF(F3:F99,"<=3",G3:G99)

	A	B	C	D	E	F	G	H	I	J
83		2015/1/20	1122	ファックス	20,000	4	80,000	吉田花子		
84		2015/1/25	4148	タイムレコーダー	39,800	3	119,400	吉田花子		
85		2015/1/28	2219	プリンタ	15,000	4	60,000	吉田花子		
86		2015/2/4	4148	ファックス	20,000	2	40,000	吉田花子		
87		2015/2/7	2219	デスク	40,700	1	40,700	吉田花子		
88		2015/2/12	4148	タイムレコーダー	39,800	2	79,600	吉田花子		
89		2015/2/15	3111	コピー機	48,000	3	144,000	吉田花子		
90		2015/2/19	2219	プリンタ	15,000	4	60,000	吉田花子		
91		2015/2/26	4148	タイムレコーダー	39,800	2	79,600	吉田花子		
92		2015/3/1	2219	プリンタ	15,000	1	15,000	吉田花子		
93		2015/3/3	2219	プリンタ	15,000	1	15,000	吉田花子		
94		2015/3/8	4148	タイムレコーダー	39,800	2	79,600	吉田花子		
95		2015/3/11	3111	コピー機	48,000	3	144,000	吉田花子		
96		2015/3/15	2219	プリンタ	15,000	4	60,000	吉田花子		
97		2015/3/20	4148	タイムレコーダー	39,800	2	79,600	吉田花子		
98		2015/3/23	3111	コピー機	48,000	3	144,000	吉田花子		
99		2015/3/31	4148	タイムレコーダー	39,800	2	79,600	吉田花子		
100				コピー機の売り上げ			1,392,000			
101				デスクの伝票数			22			
102				10万円以上の売上金額合計			4,838,300			
103				3個以下の売上平均額			63,771			
104										

売上平均額が算出できた。「IF」関連の関数はぜひ使いこなしたい。

論理式を組み合わせると最強だ

105

式や関数を素早く入力するワザ

式や関数を入力する際には、「=SUM(A1:B2)」のように記述するのがルールだ。冒頭に「=」（イコール）を入力するのだ。ところが、「=」の入力はちょっと面倒だ。「Shift＋ほ」（キーボードの種類による）のキーを押すと入力できるのだが、これが気に入らないという人が少なくない。特に、一般的なパソコンのテンキーには「=」がないので面倒だ。

そこで、「=」の代わりに「+」を利用する方法がおすすめだ。「+SUM(A1:B2)」と入力しても、計算は正しくできる。

この方法で式を入力すると「=+SUM(A1:B2)」と表示されるが、式の構造が少し変わるだけで、実は機能には差がない。

ファイルを受け取った人が、Excelに詳しいと「あ、この人は＋の式の達人だ。やるな！」と思われてちょっとうれしいかもしれないが……。

クリップボード		フォント		
B3	▼	fx	=SUM(A1:B2)	

◢	A	B	C	D	E
1	100	120			
2	130	140			
3	合計	490			
4					
5					

普通は「=SUM(A1:B2)」のように数式を記載する。

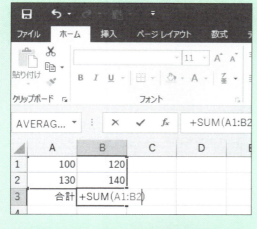

もし、「=」（イコール）の入力が面倒なら「+」で代用してしまおう。もちろん、半角で入力することをお忘れなく。

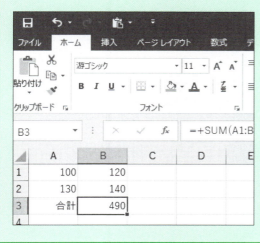

「+」から式を書いても問題なく計算ができる。表示が「=+SUM(A1:B2)」となり、ちょっとうれしい感じがする。

論理式を組み合わせると最強だ

印刷と
レイアウトの
必修テク

CHAPTER 4

仕事で作った表は、最後に印刷して提出することが多い。

苦労して作り上げた表やグラフが、

印刷してみると書類の隅のほうに

小さく表示されているだけだった——

こんな経験のある人も少なくないだろう。

ここではExcelで思い通りに印刷するテクニックを紹介する。

用紙に
ピタリと収めて
印刷する

　最近は、ファイルのやりとりがメールで行われる機会が増えているが、ビジネスの現場では、まだまだ印刷した資料がよく使われている。

　ところが、Excelの印刷がうまくできなくて、多くの方が頭を悩ませている。用紙から少しはみ出してしまったり、余白ばかりでみっともなかったり……。ここでは、少しでもうまく印刷するためのテクニックを紹介していこう。

　仕事の資料を作るなら、まずは必要なデータが入った表を作成しよう。この段階では、用紙への収まりを気にする必要はない。見やすく印刷することよりも、必要なデータがきちんと記載されていることが大前提からだ。表が完成してから、印刷の際のレイアウトを考えていけばよい。

　印刷についてはまったく考慮せずに作成した表が、そのままの状態でどんな形なのかをチェックしよう。縦長もしくは横長になることがほとんどで、まれに正方形に近くなるだろう。まずは、全体がどのような形なのか、縮小してチェックする。

最初に画面右下のズームバーを動かして全体を縮小する。

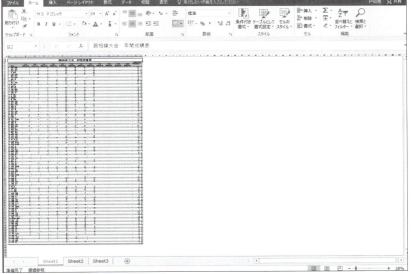

全体が見えるまでどんどん縮小していく。この表は縦長であることがわかった。

用紙にピタリと収めて印刷する

○ はみ出しを収めるコンセプトを決める

　用紙からはみ出した表を、どうにか収めたいケースは少なくない。その気になれば巨大な表も縮小して1ページに収めることも可能だ。ただし、当然ながら文字が小さくなって、読みづらくなる。そこで、標準的な設定の状態では、どの程度の用紙に分かれるのかチェックしてみよう。

　ここでは、「改ページプレビュー」を利用する。今回の例では、縦長の表なので、当然縦方向にはみ出す。A4用紙を縦にして縮小印刷すると文字が小さくなりそうなら、A4用紙を2枚横に使って印刷すれば良いわけだ。

　この用紙への分割をExcelに任せておくと、とんでもないことになる。今回もなんと6枚の用紙に分かれてしまっている。しかも、右側は2列くらいのはみ出しになっているのだ。Excelには、今回のようなケースでも用紙を横にして収めようとする考えはないわけだ。

　改ページプレビュー画面でページの境目を動かすと、自動で縮小して印刷できる。ちょっとはみ出したときには、ドラッグして調整すればいい。

「表示」タブの「ブックの表示」－「改ページプレビュー」を実行すると、用紙への分割印刷がわかる。

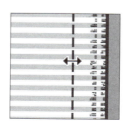

ページの境目をドラッグすることで収める調整が可能。

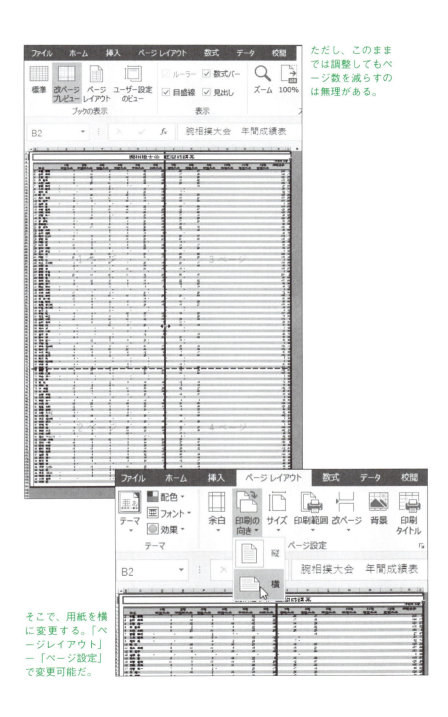

ただし、このままでは調整してもページ数を減らすのは無理がある。

そこで、用紙を横に変更する。「ページレイアウト」-「ページ設定」で変更可能だ。

用紙にピタリと収めて印刷する

113

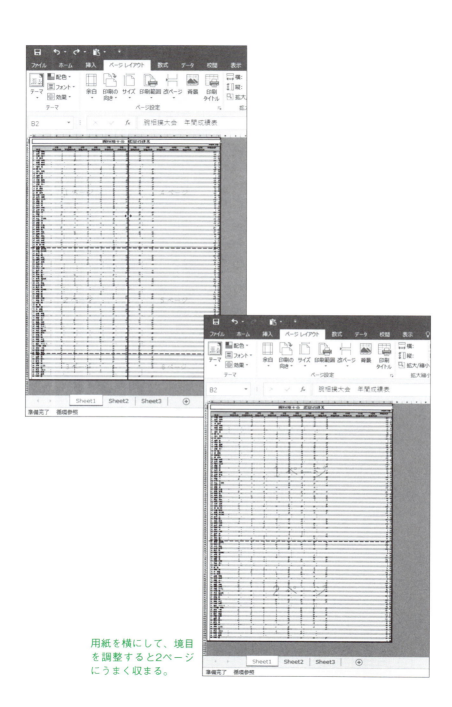

用紙を横にして、境目を調整すると2ページにうまく収まる。

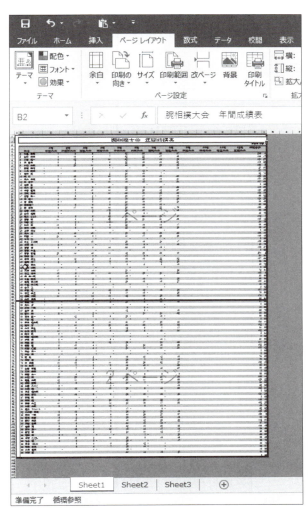

用紙にピタリと収めて印刷する

2ページ以上に分かれる際には、バランスを考えてそれぞれに印刷される割合を同じくらいにしよう。

115

◯ 余白の調整もマストだ

　これまでの調整で、用紙への割り当てはバランス良くなったように思うだろう。ところが、このまま印刷してみると、バランスの悪さに悲しくなるだろう。「改ページプレビュー」でのチェックは、実際の印刷とだいぶ違うのだ。紙をムダにする前に用紙に対する表やグラフの位置を調整しておこう。

　このタイミングで、はじめて「印刷プレビュー」を使う。印刷プレビューで確認すると、改ページプレビューではうまく収まっていたつもりの表が、用紙に対して偏ってレイアウトされていることが多い。そこで、余白を調整してより中心に近づけるわけだ。

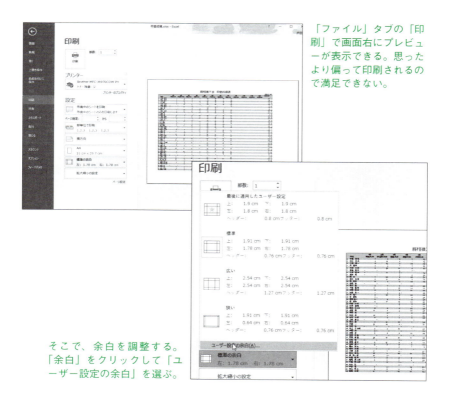

「ファイル」タブの「印刷」で画面右にプレビューが表示できる。思ったより偏って印刷されるので満足できない。

そこで、余白を調整する。「余白」をクリックして「ユーザー設定の余白」を選ぶ。

左と上方向の余白を広げて、表が中央に寄るように設定しよう。

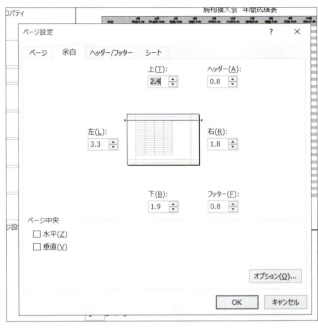

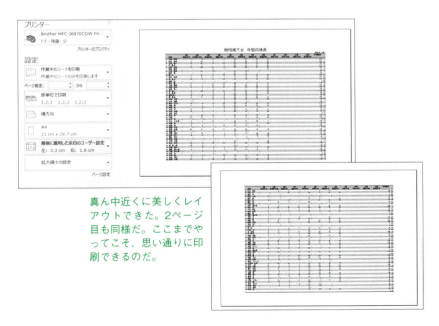

真ん中近くに美しくレイアウトできた。2ページ目も同様だ。ここまでやってこそ、思い通りに印刷できるのだ。

用紙にピタリと収めて印刷する

117

細長い表を
1ページに
段組印刷する

　仕事の表では、意外に細長いものが多い。こんな表はいかに複数ページに割り付けたところで、結局は余白だらけになってしまう。そこで、1枚の紙に表を折り返して印刷したくなるだろう。

　そもそも、表を分割して作っても良いのだが、かなり手間が掛かる。そこでおすすめの方法が、画像による貼り付けだ。35ページで紹介したカメラ機能を使う手もあるのだが、表の見出しをしっかり表示したいときには、うまく機能しなくなるので、僕は、通常の画像貼り付けを利用している。ただし、元のデータを修正しても画像には反映されないので気をつけてほしい。

　ポイントはセルの非表示だ。非表示にして項目名を表示した状態で表をコピーして貼り付けていくことで、分割した表示がうまくできるのだ。

　このテクニックは、いつか必ず役立つので覚えておくと良いだろう。同様の対処方法で、ワードに表を貼り付けて段組印刷するといった手もあるのだが、どうしても見出しがうまく表示されない。今回の方法がベストだと思う。

まずは、表の列の数を把握しておこう。表をドラッグするとExcelのウィンドウの下にデータの個数が表示されるので、それが列の数だ。

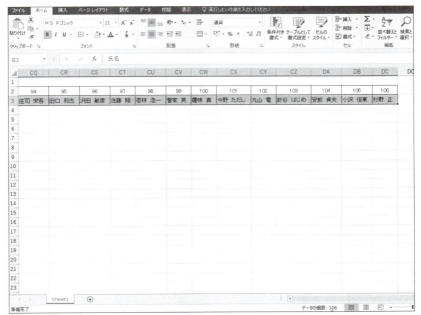

「DC」セルまで使った106列もの細長い表だが、仕事では案外作ることもある。

細長い表を一ページに段組印刷する

119

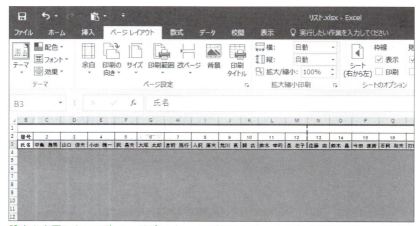

設定を変更しないで改ページプレビューで確認すると、セル12個程度で改ページされていることがわかる。少し縮小するとして、データの個数を15個で区切っていこう。最初に数を把握しておくことで、こんな作戦が練れるのだ。

見出しとデータ15個を選択して「コピー」を実行する。

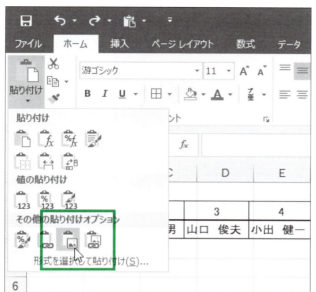

続いて、別のシートを作成し、そこに画像を貼り付ける。

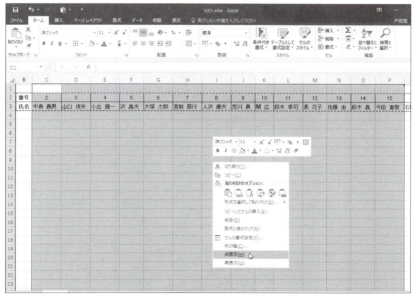

元の表で先ほど貼り付けたセルまでの行を非表示にする。これにより、次の表にも見出しがつく。

細長い表を1ページに段組印刷する

非表示にすることで見出しを表示した状態でセルを選択して、コピーする。

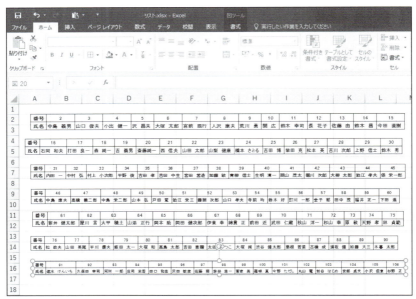

セルを非表示にして貼り付ける作業を繰り返して、大きな表を並べることができた。

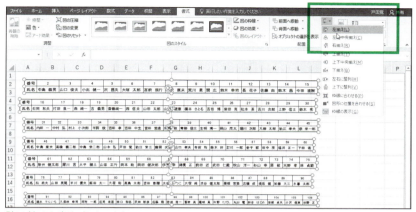

貼り付けた表をすべてまとめて選択する(「Ctrl」を押しながらクリックすれば良い)。「図ツール」の「書式」-「配置」-「左揃え」を利用すると一発できれいに並べられる。

美しく並べることができた。

A4用紙横にすべての表が収まる。縦横に細長い表を1枚の紙に収めるテクニックだ。

細長い表を1ページに段組印刷する

123

モノクロ印刷で
失敗しない
確認テク

　ビジネスの現場では、書類を白黒でしか印刷できないケースが少なくない。まだまだカラープリンターを使える企業は多くないのだ。ところが、Excelでグラフなどを作成しているときには、カラーで作業していることがほとんどだ。

　カラー環境で作った表やグラフをモノクロで印刷すると、驚くほど見づらくなってしまうことも少なくない。特にグラフは、色の違いがほとんどわからないケースも出てきてしまう。

　そこで、ここではモノクロではどのように表示されるのか、確認する方法を紹介していこう。

◯ 図やグラフを瞬時にモノクロ表示

　グラフなどを作成中は、「モノクロではどのように表示されるだろう……」と意識しつつ、常に確認しながら作業することをおすすめする。

　そんな操作では、「ページレイアウト」の「テーマ」で「配色」から「グレースケール」（モノクロ）を選択すれば良い。クリックして実行しなくても、マウスポインターを合わせるだけでライブプレビューでモノクロの様子がわかる。

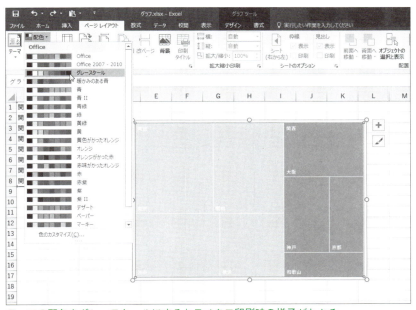

テーマの配色をグレースケールにするとモノクロ印刷時の様子がわかる。

◯ 印刷プレビューで全体を確認

　印刷プレビューを利用すると、書類全体をモノクロにしたときの様子がわかる。前記の「テーマ」の「配色」では、セルの塗りつぶしや文字の色変更などが反映されないことがあるのだ。

　ちなみに、セルを塗りつぶしたり、文字の色を変更したりする際には「テーマの色」を使うことで、まとめてモノクロにできる。この方法が実は最も素晴らしい。書類の色をカラーとモノクロで瞬時に切り替えられるので、今後書類を作る際には覚えておきたい。

　ただ、すでに出来上がっている書類は、いちいち色を変更するのが面倒だ。そこで、モノクロの表示を印刷プレビューで確認する。

　ページレイアウトから設定して「白黒印刷」にしてから印刷プレビューを見るのが手っ取り早い。

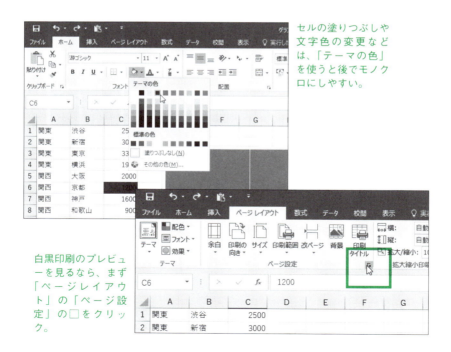

セルの塗りつぶしや文字色の変更などは、「テーマの色」を使うと後でモノクロにしやすい。

白黒印刷のプレビューを見るなら、まず「ページレイアウト」の「ページ設定」の□をクリック。

ダイアログが開いたら「シート」-「印刷」-「白黒印刷」にチェックを入れて「印刷プレビュー」をクリックする。

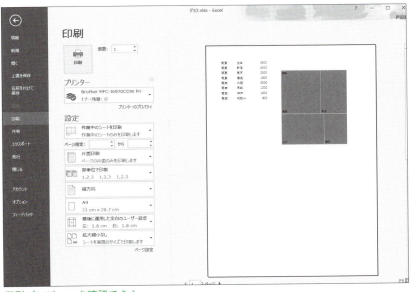

印刷プレビューを確認できた。

モノクロ印刷で失敗しない確認テク

127

Excelで
プレゼンをする
コツ

　最近、Excelでプレゼンをする機会が増えている。僕自身もよく行うのだが、多くの方がプレゼンだとは思わずに提示している。会社の会議室などで、パソコンをプロジェクターやテレビにつないで、Excelのデータを表示したなら、それはもうプレゼンなのだ。

　そんなときに便利な表示の変更やテクニックを紹介しよう。

　まずは、表示の変更だ。プレゼンをする際には、画面上の不要なメニューなどをできるだけ非表示にする。

　リボンは右のマークをクリックしてたたんでしまおう。さらに、表示メニューで不要な見出しや数式バーなどを非表示にしておくと良い。

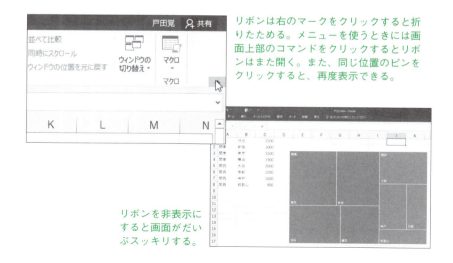

リボンは右のマークをクリックすると折りたためる。メニューを使うときには画面上部のコマンドをクリックするとリボンはまた開く。また、同じ位置のピンをクリックすると、再度表示できる。

リボンを非表示にすると画面がだいぶスッキリする。

さらに「表示」タブの「表示」のチェックを外して、「数式バー」「目盛線」「見出し」などを非表示にする。

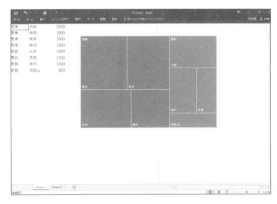

さらにスッキリとプレゼン向きの画面になった。

> **POINT**
>
> ## 一瞬でズームする
>
> 大きな表を使ってプレゼンをする際には、ズームを柔軟に利用したいところだ。必要な場所はズームアップで大きく見せておき、全貌を表示したいときには縮小する。こんな作業で、いちいちズームボタンを使うのはナンセンスだ。
> おすすめはマウスのホイールだ。「Ctrl」キーを押しながらホイールを回すと自由にズームができる。さらに、特定の場所を大きくしたいなら、あらかじめマウスでクリックして選択した状態で、「Ctrl」を押しながらホイールを回せば良い。絶対に覚えておきたい便利テクだ。

さらに
活用できる！
その他の
テクニック

CHAPTER 5

これまでの章では取り上げてこなかったワザを
まとめて紹介していく。
特に、PDFファイルの扱いは、仕事でExcelを使う際に必見。
見積書や試算表はパスワードを付けてやりとりしたいものだ。

Excel 2016で本気に見える分析・予測を

　ここ10年ほどは、Excelのバージョンが変わっても、機能が大きく変わることがなくなっている。Excel 2007あたりでも十分仕事に使えるはずだ。ただし、最新版にはそれなりに良い機能がもちろんあるので、手に入れた方はぜひ使いこなしてほしい。また、最新のパソコンを買った方は、無料でアップグレードできる可能性が高いので、ぜひ利用していこう。

　Excel 2016には、シミュレーションにもぜひ使って欲しい機能が新搭載された。「1クリック予測」とも呼ばれる「予測シート」機能だ。時系列の表を作成したら後はコマンドを実行するだけで、売上などの予測ができてしまう。しかも、上振れ、下振れを含めたデータは将来の値をシミュレーションする際にとても役立つはずだ。

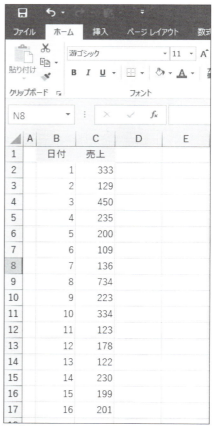

まずは時系列でデータが並んだ表を用意する。データの量は多い方が好ましい。

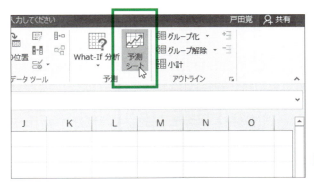

「データ」タブより「予測」－「予測シート」をクリックする。

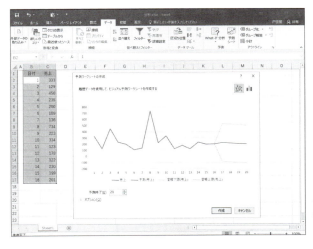

たったこれだけで、予測グラフのサンプルが表示されるので、「作成」をクリック。

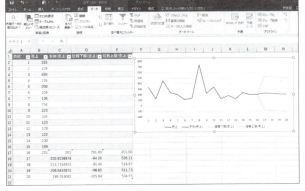

予測表とグラフが作成できた。

Excel 2016で本気に見える分析・予測を

133

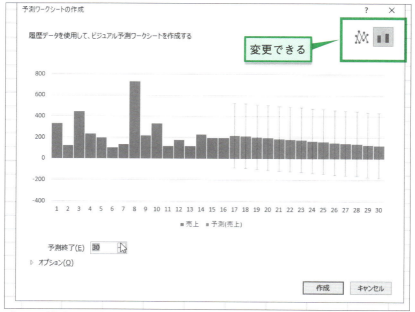

グラフは棒グラフに変更することもできるし、予測の期間を延ばすことも可能だ。

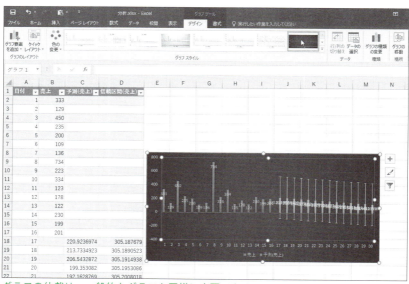

グラフの体裁は、一般的なグラフと同様に変更できる。

PDFファイルも Excelだけで作れる

「見積書はPDFファイルでください」。こんな連絡を取引先からよくもらわないだろうか。仕事の情報を顧客に渡す際に、Excelのファイルを利用するケースも多いのだが、ちょっとした危険性をはらんでいる。Excelのファイルだと改ざんされる可能性があるのだ。悪意ある改ざんでなくても、担当者が予測のために数字をいじったデータが別の人に渡って、「話が違う」とクレームにつながる可能性もある。

こんな危険性を回避するためにも、PDFファイルが使われているのだ。PDFファイルの作成はExcelでも簡単にできるので方法を知っておこう。

見積書を作成した。ちなみにこちらはテンプレートを利用して作成している。

PDFファイルを作るのは簡単で、ファイルを保存する際に、PDF形式を選ぶだけだ。

ファイル名は自分で設定できる。また、「発行後にファイルを開く」にチェックを付けておくと、保存後の様子を確認できる。

PDF形式で保存したファイルが開いた。

PDFファイルもExcelだけで作れる

137

◯ PDFファイルにパスワードを設定したい場合

　PDFファイルにパスワードを設定したい場合には、ちょっと面倒だが完成した表をWordに貼り付けると良いだろう。ExcelではPDF形式のファイルを作れるが、パスワードを付ける機能が用意されていないのだ。Wordなら、標準機能でPDFにパスワードを付けられる。

　一度ExcelでPDF形式に保存し、他のオンラインソフトなどでパスワードを付加することも可能だが、かなり手間が掛かる。ならば、Wordに貼り付けてWordの機能でPDFにパスワードを加えた方が手っ取り早いだろう。

　完成したPDFファイルを見ても、WordとExcelどちらで作ったかはほとんどわからない。コツはWordに貼り付ける際に、画像形式を選ぶことだ。こうすると自由に縦横比を調整できるので、思った通りのページに収めることができるだろう。

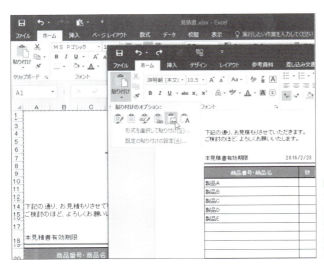

Excelの表を選択してWordに貼り付ける。画像形式で貼り付ければ、思い通りの範囲に収められる可能性が高い。

WordでもPDFファイルで保存する手順は同じだが、「オプション」をクリックする。

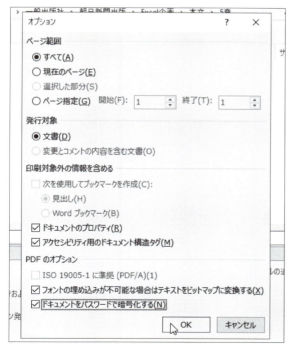

ダイアログが開いたら「ドキュメントをパスワードで暗号化する」にチェックを付ける。

PDFファイルもExcelだけで作れる

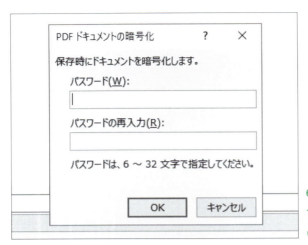

6桁以上のパスワードを入力するウィンドウが開く。パスワードは忘れないようにしよう。

完成したPDFファイルを開く際には、パスワードの入力を求められる。

正しく入力すれば開ける。

Excelのファイルにパスワードを設定して安心やりとり

　Excelのファイルにも簡単にパスワードを設定できる。パスワードを設定しておくことで、メールでも不安なく送れるようになる。万一宛先を間違えて送信したときでも、見積書や請求書を開かれる心配が少ないのだ。

　ファイルが意図しない先に転送されても、パスワードが設定されていればやたらに開かれることは少ないだろう。

　最も効果があるのは「パスワードを設定して気を使ったやりとりをしています」という姿勢が伝わること。ビジネスでは大切なポイントだ。

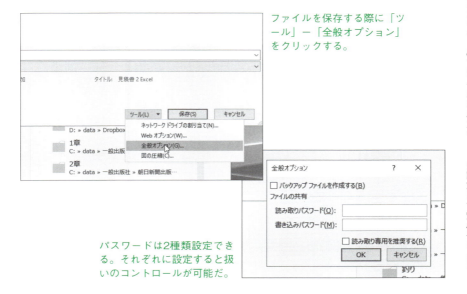

ファイルを保存する際に「ツール」－「全般オプション」をクリックする。

パスワードは2種類設定できる。それぞれに設定すると扱いのコントロールが可能だ。

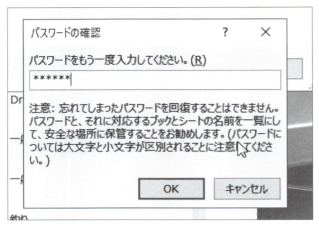

保存時には確認のため、再度パスワードを入力。もちろん、忘れないように気をつけたい。

ファイルを開く際にはパスワードの入力が求められる。

書き込みパスワードを知らないとファイルの閲覧のみができて、上書き保存が不可となる。見積書などにはこの方法がおすすめだ。

気象庁のデータをサンプルに使おう

気象庁では、膨大なデータが提供されていて、基本的には誰でも自由に利用できる。大きな表などを作ってExcelの機能をテストする際には、気象庁のデータを利用すると便利だ。出典を明記するのがルールなので、そこだけ気をつければOKだ。

もちろん、用途が合えば仕事にも使える。例えば、「温暖な〇×地方と東京の温度差」といったグラフを作成して別荘の販売に役立てるなど、応用次第で便利に利用できるはずだ。

他にも色々な白書のデータは仕事にも使えるケースが多く、また、最近ではExcelやCSV形式など、取り込みやすいファイル形式で提供されているものも少なくないので調べてみよう。

※本ページのデータは気象庁のウェブページより引用している。

気象庁のデータは気象庁のホームページより「各種データ資料」で見つかるはずだ。

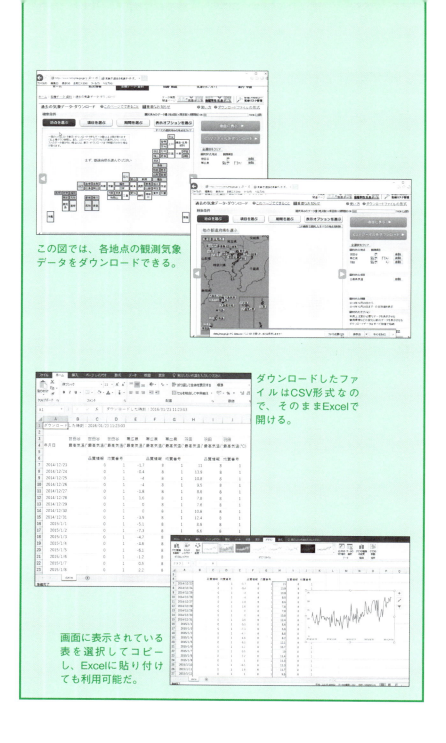

一流の
プロに学ぶ
Excel
テクニック

INTERVIEW

村上健志氏（日本マイクロソフト株式会社）

綿島琴美氏（株式会社 Zaim）

瓜田時紀氏（朝日新聞メディアプロダクション）

黒川久幸氏（東京海洋大学）

高野浩氏（日経印刷株式会社）

平林純氏（サイエンスライター）

本家マイクロソフトの
使いこなしは
驚愕の完成度

日本マイクロソフト株式会社
管理本部
エンタープライズビジネス統括事業部
シニアファイナンス　コントローラー
村上健志 氏

INTERVIEW

1 予算と実績管理の業務はエクセルで十分

　本書執筆に当たって、最初に取材をお願いしたのが、Excelの本家である日本マイクロソフトだ。登場いただく村上氏は、業務実績を分析・提案するのが仕事。わかりやすく言うと、経理・財務に経営企画をプラスしたような立場だ。

「週間でのデータの状況をアップデートし、予算作りから人材配置、マーケティングの動きを考えます。予算は作るだけでなく、売上の着地予想なども分析していきます」

　大量の数値データを扱う仕事だが、予算や実績を管理することが多いだけに比較や分析が重要になってくる。単に大きな表を扱うだけでなく、視覚化にも気を使う部署だ。

　見せていただいたシートのデータ量には圧倒されるが、それもそのはず、仕事のほとんどはエクセルで済んでしまうという。

「社内へ共有する際、PowerPointを使って表示することはありますが、仕事の9割はExcelで完結します。また、普段は英語版を使い、英語のシートを作成しています。社内のコミュニケーションは英語が中心だからです」

　ということで、今回掲載するシートも英語だが、Excelの場合は見出しだけなので、内容は理解していただけるだろう。

　ちなみに、マイクロソフトの社内では教育システムが用意されていて、誰でも必要に応じて各種ソフトの使い方を学べるそうだ。ただし、村上氏はほとんどOJT（オンザジョブトレーニング）で覚えたという。

本家マイクロソフトの使いこなしは驚愕の完成度

147

2 まずは縮小し目盛線を消す

　村上氏は、Excelで作業をする際に、まずは表示を縮小してしまうと言う。

「僕は最初に目盛線を消してしまいます。その方が見やすいと思うからです。最近のExcelは、左と上の行列番号に色がついて選択しているセルをわかりやすく表示しますから、慣れてしまうとこれで困ることはありません。普段は、大きなモニターで作業をしているので、表も縮小してから作業を行います。扱うデータの量が多いので一覧性が重要だからです」

　サンプルとしていただいたシートは、60～80%程度に縮小されていた。ズームは簡単に切り替えられるので、大きな表を作る方には参考になる。

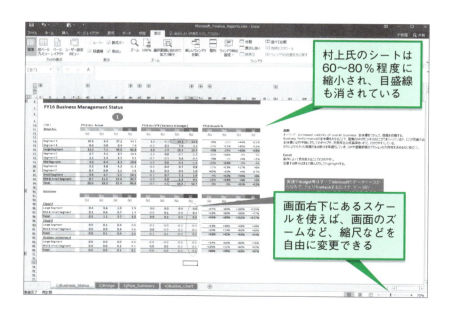

村上氏のシートは60～80％程度に縮小され、目盛線も消されている

画面右下にあるスケールを使えば、画面のズームなど、縮尺などを自由に変更できる

3 ▶ なるべくシンプルで見やすく

　前記の表は、1枚目のシートで現在のビジネスの状況を表示している。毎週月曜日にデータをアップデートするという、部門ごとの売上や対予算の推移などを表示するデータだ。

　「なるべくシンプルにメッセージが伝わるように心がけています。色数を増やさずに似たような色を使い、キツイ色は極端に少なくしています。色は使い分けますが、ここではマイナスをどうリカバリーするかが重要なので、マイナスの数値を赤にして目立たせています」

　数値が問題なく推移しているときには、青を強調するなど、色分けは柔軟に変更しているという。オレンジに塗りつぶしているところ（2ページ参照）は、営業部長に数字を入れてもらうために色を変えている。指示を頼む際に「オレンジのところにデータを入れてください」と依頼するだけで良いわけだ。赤字は条件付き書式を利用しているが、他の部分も必要に応じて条件付き書式で塗り分けている。

色数はあまり多く使わず、グレーや黒が中心だ。オレンジの部分は他の部署の人に数値を入れてもらいたいエリアとなっている

	Oct	Nov	Dec	Q2	Oct	Nov	Dec	Q2	Oct	Nov	Dec
FY16 Business Management Status											
(SM)	**FY16 Act - Actual**				**FY16 Act VTB (Varian**						
Billed Rev.	Act	Act	Act	Act	Act	Act					
Segment A	10.6	6.3	37.2	54.1	1.3	-4.1					
Segment B	0.6	0.8	6.4	7.8	-0.1	0.2	1.0	1.1	-14%	+11%	+40%
Large Segment	11.2	7.1	43.5	61.8	1.2	-3.9	15.1	12.4	+2%	-29%	+43%
Segment C	2.7	4.1	3.7	10.5	-1.1	0.6		-1.3	-35%	+26%	-9%
Segment D	2.1	2.4	4.7	9.2	-0.7	-0.5	0.8	-0.4	+0%	-2%	+4%
Mid Segment	4.8	6.4	8.3	19.6	-1.8	0.0	0.1	-1.6	-23%	+14%	-2%
Segment E	3.2	3.8	4.3	11.3	-0.3	0.4	0.7	0.8	-12%	+13%	+17%
Segment F	0.7	0.9	1.2	2.8	0.2	0.3	0.5	1.0	+60%	+10%	+4%
Small Segment	3.9	4.7	5.5	14.1	-0.1	0.7	1.2	1.9	-4%	+12%	+14%
Mid & Small Segment	8.7	11.2	13.8	33.7	-1.9	0.8	1.3	0.2	-16%	+13%	+4%
Total	20.0	18.3	57.4	95.6	-0.7	-3.1	16.5	12.7	-9%	-8%	+31%
Initiatives	Oct	Nov	Dec	Q2	Oct	Nov	Dec	Q2	Oct	Nov	Dec
	Act	Act	Act	Act	Act	Act	Act	Act	Act	Act	Act
Cloud A											
Large Segment	0.4	0.6	2.9	3.9	0.0	0.0	0.4	0.5	+47%	+60%	+180%
Mid & Small Segment	0.1	0.6	0.7	1.4	-0.0	0.1	-0.0	0.1	+18%	+80%	+80%
Total	0.5	1.1	3.7	5.3	0.0	0.2	0.4	0.6	+41%	+69%	+152%
Cloud B											
Large Segment	0.0	0.1	0.4	0.5	-0.1	-0.0	-0.2	-0.3	+18%	+48%	+48%
Mid & Small Segment	0.0	0.0	0.6	0.6	0.0	-0.0	-0.2	-0.2	+20%	+14%	+60%
Total	0.0	0.1	0.9	1.1	-0.1	-0.1	-0.3	-0.5	+18%	+42%	+55%
Strategic Initiatives A											

本家マイクロソフトの使いこなしは驚愕の完成度

4 ▶ アウトラインと非表示を活用する

　表を見ても「小さな文字の表が6個並んでいるな……」程度に感じるかもしれないが、実はこの表、驚くほど巨大なのだ。シートのセル番号を見て欲しい。右のセルは、なんと「GE」なのだ。

　実はこの表、アウトラインで折りたたまれ、さらに非表示機能を利用して、多くの部分を隠している。
「アウトラインを開くと、過去のトレンドが月単位で表示されます。今のデータは第2四半期ベースで表示していますが、アウトラインを開くと、月単位で2年分が表示できます」

　驚くほど大きな表だが、僕ならシートで分けてしまいそうな気がする。
「このレポートの場合は、ビジネスパートナーが見て色々と質問が飛んできます。『今は伸びているけれど、去年の同じ時期はどうだったっけ？』などと聞かれた場合にも、違うレポートを出すよりは、このシートの中でパッと見せられた方が早いんです。何かあっても、何を聞かれてもすぐに出せるようにすべてのデータをまとめています。タブで分けても良いとは思いますが、数が増えすぎて管理が大変になります」

　さらにすごいのは非表示までを組み合わせていることだ。グループ化だけだと、表示される量が多すぎて思い通りにコントロールできないことがある。そこで、両方を組み合わせて、昨年のデータをすぐに呼び出せる──といった工夫を重ねている。ここまで大きな表を作る機会は多くないかもしれないが、ぜひまねをしたいところだ。

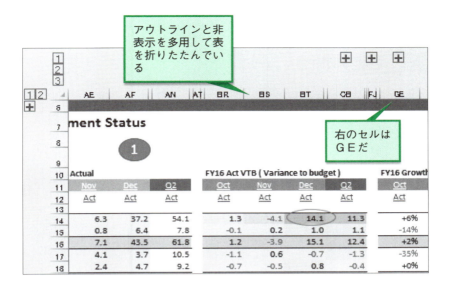

アウトラインと非表示を多用して表を折りたたんでいる

右のセルはGEだ

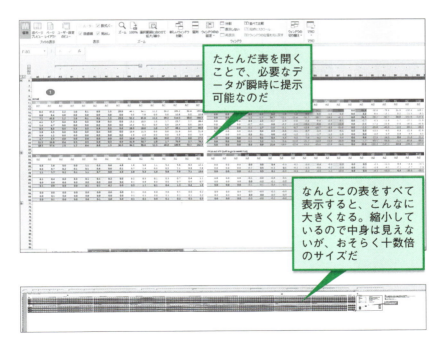

たたんだ表を開くことで、必要なデータが瞬時に提示可能なのだ

なんとこの表をすべて表示すると、こんなに大きくなる。縮小しているので中身は見えないが、おそらく十数倍のサイズだ

本家マイクロソフトの使いこなしは驚愕の完成度

151

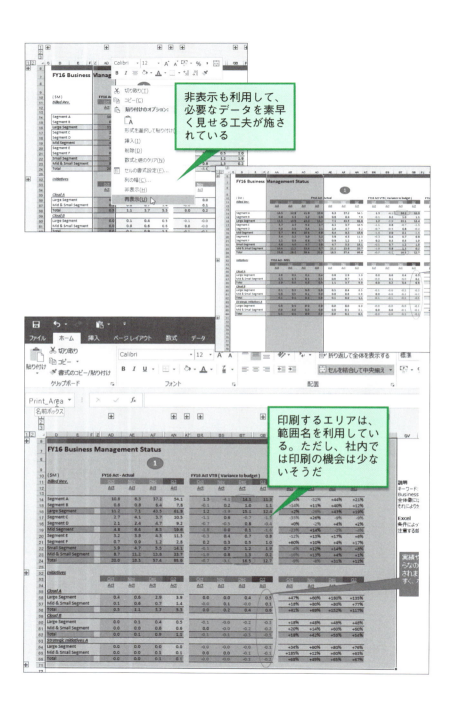

5 コメントの付け方にも注目しよう

　今回の取材のために、ワークシートには吹き出しが入っているが、本来の仕事で使うときにはないものだ。コメントは丸付きの数字で場所を示し、欄外に書いている。これは吹き出しではいけないのだろうか？

「吹き出しだと、全体がどんどんうるさくなっていきます。また、吹き出しによって数値が隠れてしまうことも少なくありません。そのときによりますが、全体で3〜5つ程度のコメントを付けることが多くなります。なるべく数字で表示して、対応するコメントを脇に書いていきます。

　はじめにコメント入りの表を作っておけば、後でPowerPointに貼り付けて、コメントを書き出したり、メールにファイルを添付して、コメントだけを本文に貼ったりする作業も簡単にできます。丸数字は画像なので簡単に動かせますから、表をリフレッシュしていく段階で注目ポイントが変わったら、場所を移動するだけで対応できます」

　多くの方が吹き出しを利用しているが、丸付け作戦も非常に便利だ。特にコメントの数が少なく、文章が長いときには有効だろう。

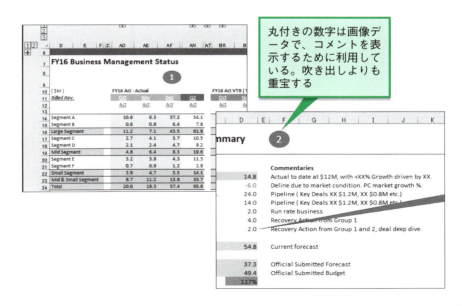

丸付きの数字は画像データで、コメントを表示するために利用している。吹き出しよりも重宝する

本家マイクロソフトの使いこなしは驚愕の完成度

6 グラフでわかりやすく

　今回は、主に2つのグラフを紹介してくれた。バブルチャートにはいくつものポイントがある。
「トレンドを把握しやすいのでバブルチャートを活用しています。ただ、実際に提出する際にはいくつかのデータをあえて消すなどしてよりわかりやすくしています」
　村上氏のバブルチャートが面白いのは、時系列のデータも表示していることだ。一般的なバブルチャートは位置とサイズで情報を見せていく。例えば、「荷物が積めて、価格が高い車がたくさん売れている」「荷物があまり積めないが、価格が安い車はほどほどに売れている」といったことがわかる。

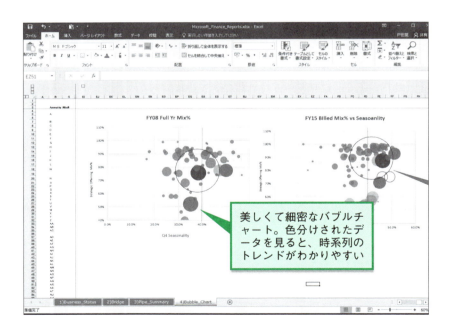

美しくて細密なバブルチャート。色分けされたデータを見ると、時系列のトレンドがわかりやすい

そんなバブルチャートをあえて時系列の表示にすることで、トレンドがわかりやすくなる。ただし、データがばらばらでは意味がないので、グラフを作る前に出来上がった姿を想定するそうだ。また、バブルチャートでは、円が大きくなると下のデータが隠れてしまう。そこで、塗りつぶしをオフにして枠だけで見せる工夫をしている。

　Excel 2016で採用された新しいグラフ「ウォーターフォール」も積極的に利用している。どちらも、詳しい使い方は84ページで紹介している。

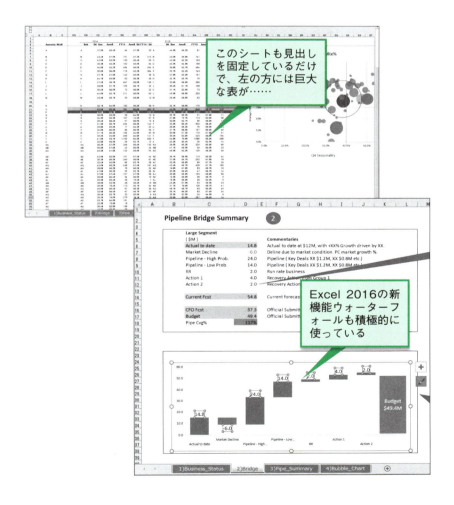

7 ▶ PowerViewを使いこなす

　さすがにマイクロソフトに勤めるだけあって、村上氏は最新の機能も積極的に利用している。Excel 2013から採用された「PowerView」もその1つだ。ただしこの機能は、Excelのバージョンによっては利用できないケースもあるので、簡単に紹介しよう。僕の手元の環境では、Excel 2013のみで利用可能だった。Excel 2016は「Office 365 Business」で契約しているので使えなかったのだ。

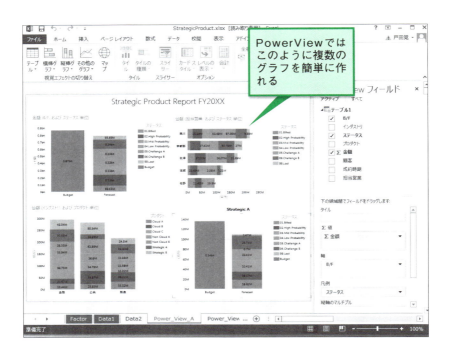

PowerViewではこのように複数のグラフを簡単に作れる

PowerViewは、データを可視化するための機能で、グラフも簡単に作成できる。しかも、グラフの種類を切り替えるのもちょっとクリックしていくだけだ。複数のグラフを1つの画面に並べて比較していける。例えば、複数のグラフが並んでいる状態で、どこかのデータをクリックすると、他のグラフでも個別のデータが自動で選択されて、とてもわかりやすくなる。ピボットグラフをさらに便利にしたような機能なので、分析をする方に向いている。村上氏の使い方を見ていると、非常に便利そうでぜひ使いたくなった。ちなみに、PowerViewで作成できるレポートを試してみるには、無償でPower BI Desktopが利用できる。興味がわいた方はpowerbi.microsoft.comにアクセスしてみてはどうだろう。

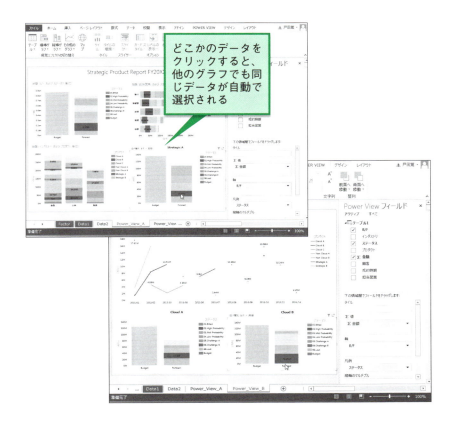

本家マイクロソフトの使いこなしは驚愕の完成度

女性らしさを感じる
やさしく見やすい
家計管理表

株式会社 Zaim
プランナー

綿島琴美 氏

INTERVIEW

1 ▶ 家計簿のプロはExcelをどう使うのか

　綿島氏が勤める会社は、社名と同じ「Zaim」というオンラインの家計簿サービスを展開している。スマホのアプリで使えるだけでなく、ウェブ上でも作業できるため、2016年5月現在利用者は500万人を超える。

　今回は、いわば家計簿のプロである綿島氏に、ご自身の家計を管理するためのExcelの使い方を教えていただいた。しかし、仕事だけでなくプライベートの家計もきっちり管理するとは、そもそも自己管理がお好きなのだろうか？

「子供の頃に、はじめてもらったお小遣いと共に、お小遣い帳を渡されたんです。それで、お金の出入りの楽しさがわかったというか、性に合ったのかもしれません。元は通販関係の会社でバイヤーをしていたのですが、家計管理が好きでZaimに転職してきました」

　なんと、仕事を変えるほど家計簿が好きなのだ。では、なぜZaimだけでなく、Excelも使っているのだろうか。

「アプリが便利なのは、いつでもどこでも記録できて夫とシェアしやすいところ。なので、日々の管理はZaim、月・年単位の分析はExcelと使い分けています。じっくり向き合って振り返るために、Excelで全体を見据えている感じです」

　まあ、普通の人は家計簿でそこまでやらないだろう。どちらかというと、会社の資産でも管理しているかのようだ。綿島氏は、とにかく家計簿にこだわっているのだ。

女性らしさを感じるやさしく見やすい家計管理表

159

2 見やすくするための工夫

　綿島氏は、毎年家計簿のシートを作り直しているという。取材は2015年の年末だったのだが、ちょうど2016年から使う予定のシートを作り始めていたタイミングだった。シートそのものを工夫して毎年作り替えていくのが楽しいそうだ。

「まず、見やすく、そして楽しめるようにしています。枠線を非表示にして全体をスッキリさせて、フォントはやさしい印象のメイリオを選んでいます。また、色使いもやさしい雰囲気を心がけています。いろいろと試していますが、罫線を使い分けることでもだいぶ見やすくなります」

　確かに、完成した表を見せていただくと、とてもスッキリとしているだけでなく、なるほど、どこか女性っぽい。

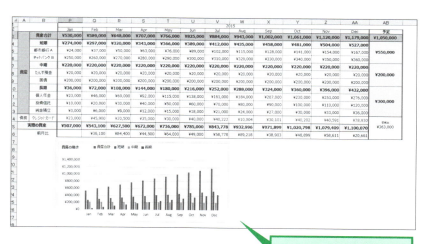

全体にスッキリとして見やすく、柔らかなイメージの表を作っている。また、スクロールが縦のみで済むように表のサイズも考えられている

		Jan	Feb	Mar	Apr	May
3		資産合計	¥530,000	¥589,000	¥648,000	¥707,000	¥766,00
4		短期	¥274,000	¥297,000	¥320,000	¥343,000	¥366,00
5		都市銀行			¥50,000	¥63,000	¥76,00
6		ネット			¥270,000	¥280,000	¥290,00
7		中期			¥220,000	¥220,000	¥220,00
8	資産	たんす			¥20,000	¥20,000	¥20,00
9		国債			¥200,000	¥200,000	¥200,00
10		長期	¥36,000	¥72,000	¥108,000	¥144,000	¥180,00
11		個人年金	¥23,000	¥46,000	¥69,000	¥92,000	¥115,00
12		投資信託	¥10,000	¥20,000	¥30,000	¥40,000	¥50,00
13		純金積立	¥3,000	¥6,000	¥9,000	¥12,000	¥15,00

> 罫線はベースを点線にして数字に対して強すぎないように工夫している。また、二重線や実線をうまく使い分けて、全体が見やすく仕上がっている

	A	B	P	Q	R	S	
2			Jan	Feb	Mar	Apr	
3		資産合計	¥530,000	¥589,000	¥648,000	¥707,000	¥
4		短期	¥274,000	¥297,000	¥320,000	¥343,000	¥
5		都市銀行A	¥24,000	¥37,000			
6		ネットバンクB	¥250,000	¥260,000			
7		中期	¥220,000	¥220,000			¥
8	資産	たんす預金	¥20,000	¥20,000			
9		国債	¥200,000	¥200,000	¥200,000	¥200,000	
10		長期	¥36,000	¥72,000	¥108,000	¥144,000	¥
11		個人年金	¥23,000	¥46,000	¥69,000	¥92,000	
12		投資信託	¥10,000	¥20,000	¥30,000	¥40,000	
13		純金積立	¥3,000	¥6,000	¥9,000	¥12,000	

> 合計は太字にしている。ちょっとしたことで、ひと目でどの数字が合計なのかすぐにわかる

女性らしさを感じるやさしく見やすい家計管理表

3 折りたたみで過去のデータを見やすく

マイクロソフトの村上氏（146ページ）と同様に、アウトラインによる折りたたみを多用している。なぜ、シートを分けていかないのだろうか。「シートを分けても良いのですが、何となく"資料感"が強くなるように思うのです。つまり、できるだけ仕事っぽくしたくありませんので。また、1つの表で済みますから、同じ表の内容を別のシートにコピーして作り直していくという作業もなくなります」

アウトラインのボタンを一発クリックするだけで、昨年のデータが表示できるのは、確かに便利だ。

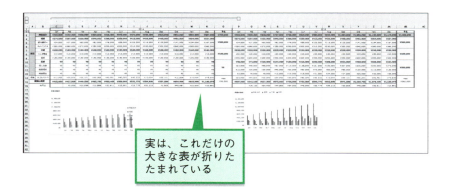

実は、これだけの大きな表が折りたたまれている

資産のシートでは、手持ちの資産を短期、中期、長期に分けて、それぞれに小計を出している。ここでも色分けが効いていて見やすい（3ページ参照）。

「クレジットの利用は、負債と考えて赤字にしています。これは、自分に対する注意喚起という意味もあります。その上で、実際の資産はオレンジで目立たせました。ちょっとしたことですが、Excelのグラフは、数値を入力すると自動で更新されますから、資産の増え具合が目視できてモチベーションが上がりますね」

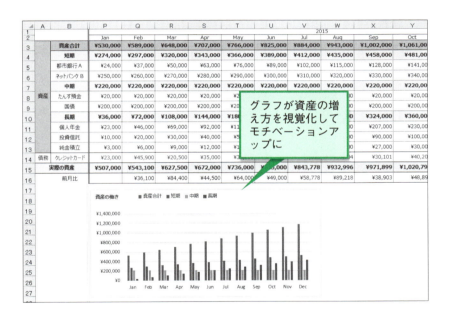

4 ▶ 家計は夫婦のお金をうまく分ける

　綿島さんのご家庭は共働きで個人のお金は別管理だ。家庭として購入するものや支払いはそれぞれが立て替えて、後から精算する仕組みにしている。

「どちらのお財布から支払ったのかもZaimに記録できるので、合計金額を月末に転記しています。精算後は斜線を入れるなどしてわかりやすくしますね。下の方の表では、それぞれの持ち出しや収入、支払いなど色にメリハリをつけて視認性が良くなるように作っています。また、我が家では外食が多くなりがちなので、変動費と外食費だけのグラフを作って傾向を見るようにしました」

　確かに、"好き"でなければ家計簿でここまでの管理はできないだろう。だが、見やすい表を作ったり、モチベーションを保ったりするためのノウハウは仕事の表作成にも活かせそうだ。

こちらは家計のシート。やはり折りたたまれている

	A	B	C	R	S	T	U	
1								
2				Jan	Feb	Mar	Apr	
3	IN	たろう	給料	¥200,000	¥200,000	¥200,000	¥200,000	
4								
5			定期代	¥5,000	¥5,000	¥5,000	¥5,000	
6			収入	¥195,000	¥195,000	¥195,000	¥195,000	
7		はなこ	給料	¥100,000	¥100,000	¥100,000	¥100,000	
8								
9			定期代	¥3,500	¥3,500	¥3,500	¥3,500	
10			収入	¥96,500	¥96,500	¥96,500	¥96,500	¥96,500
11			TTL	¥291,500	¥291,500	¥291,500	¥291,500	¥291,500
12	OUT	変動	きほん	¥110,000	¥90,302	¥85,000	¥80,666	¥100,000
13			外食	¥14,000	¥2,300	¥43,000	¥10,000	¥9,044
14			病院	¥20,000	¥30,000	¥0	¥1,000	¥2,050
15			おでかけ	¥3,000	¥2,000	¥4,500	¥2,000	¥4,500
16			勉強	¥1,000	¥2,300	¥2,399	¥402	¥5,000
17			合計	¥148,000	¥126,902	¥134,899	¥94,068	¥120,594
18		固定	ライフライン	¥18,000	¥13,000	¥20,000	¥12,401	¥21,041
19			家賃	¥90,000	¥90,000	¥90,000	¥90,000	¥90,000
20			おこづかい	¥30,000	¥30,000	¥30,000	¥30,000	¥30,000
21			その他	¥20,000	¥420	¥5,014	¥4,921	¥5,031
22				¥306,000	¥260,322	¥279,913	¥231,390	¥266,666
24			のこり	¥-14,500	¥31,178	¥11,587	¥60,110	¥24,834

> それぞれの収入（給料）から交通費（定期代）を引いて実質（収入）を出し、さらに支払いも変動費と固定費を分けている

8	たろう	定期代	¥5,000	¥5,0
9		もちだし	¥79,030	¥9,0
	ふりこみ	TTL	¥99,030	¥29,0
	はなこ	おこづかい	¥15,000	¥15,0
2		定期代	¥3,500	¥3,5
3		もちだし	¥9,010	¥9,0
4		TTL	¥27,510	¥27,5

> 小遣いや持ち出し分を合計し、一括で振り込むために表を作る

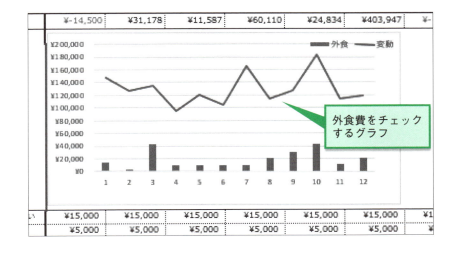

> 外食費をチェックするグラフ

新聞から盗む、グラフや表を見やすく作るコツ

朝日新聞メディアプロダクション
ビジュアル事業部デザイン
アートディレクター

瓜田時紀 氏

INTERVIEW

166

1 ▶ 新聞はグラフや表だらけだ

　本書を書き始めてから、改めて新聞の紙面を見てみると、なんと表やグラフが多いことだろうか。チャートなどの図解も入っており、新聞の図解化が進んでいることがよくわかる。そもそも新聞は制作期間が短い。その日のニュースを即日原稿にして印刷する。そこにグラフや表が入っているわけで、素早く作るノウハウが求められるだろう。また、紙面の多くがモノクロなので、同様にモノクロの多いビジネスのグラフや表を作る参考にもなりそうだ。

　そこで、本書の出版元と関係が深い朝日新聞社に取材をお願いした。まずは、新聞とビジュアルについて、報道局デザイン部長の秋山亮太氏にお話を伺った。

「新聞にビジュアルが増えた契機は、東日本大震災です。地震や原発の被害状況が刻々と変わる中、可視化して読者にお伝えするのが役目だったからです。このタイミングから大型のグラフィックが大幅に増えてきました。ときには、見開きすべてがグラフィックになったものもあります。また、新聞もIT化が進み、インターネットでも記事をお読みいただけるようになりました。そこでも、やはり図やグラフが多用されています。こんな側面から、最近は図解が増えたと感じることが多いと思います」

　現代の情報伝達には、やはり図解が欠かせないということだ。それにしても、グラフの数はとても多い。誰が内容を考えて作成しているのだろうか？

「基本的には、社会部や経済部などの出稿部が『こんなグラフにしたい』と伝えてきます。しかし、最近ではデザイン部の方で記事を読んで『グラフにした方が伝わりやすい』と掛け合うこともあります」

　つまり、テキストとデザインを作る側がそれぞれにグラフを考えているのだ。シンプルなグラフは1時間程度で作ってしまうという。

2 ▶ 小さなグラフでは要素を少なく

　さっそく、瓜田氏にグラフや表作りのポイントをうかがっていこう。まず気になるのが、新聞の小さくても見やすいグラフだ。紙面を見ていただければわかるが、名刺の半分程度の大きさのグラフも少なくない。しかもそれでいて見やすいのだ。一体どうやってコンパクトにしているのだろうか。

「基本的には軸にラベルがあれば、棒グラフの棒などの要素には数字を入れません。つまり、ダブらないようにします。数字は原則として略すことができませんが、単位の調節などで文字数を減らしていきます。例えば、12000を1.2と記載しておき、（単位は万人）と注釈を付けることもあります。また、文字が入りきらない場合には、出稿部と掛け合ってなるべく減らしてもらいます」

　無理に文字や数字を入れようとすると、当然サイズが小さくなる。とはいえ、できるだけ本文と同じ文字サイズは確保するように心がけているという。ただし、「数字は見えるので小さくします」というのは、ちょっとしたヒントになるだろう。確かに、画数が少ないので数字は小さくても見やすい。

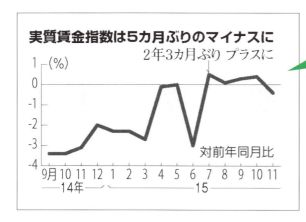

要素はなるべく少なくすることで、小さなグラフも見やすくなる。見ている人は細かく見ているので、できるだけ数値は略さない

3 ▶ モノクロでも網掛けは原則使わない

　なんと興味深いことに、現在ではモノクロの紙面でもグラフはカラーとモノクロを両方作っているという。これは、インターネットでの展開がカラーになるからだ。それにしても、モノクロの紙面のグラフが見やすいのには驚かされるが、どんなコツがあるのだろうか？

「昔は網掛けや斜線、点々での塗りつぶしなども使っていましたが、今は濃淡でしか違いを表現していません。斜線などにすると上に文字が載った際に見づらくなるからです。棒グラフなどで要素が多いときには、隣同士の濃淡を切り替えていけば、いくらでも対応できます。折れ線グラフでは点線を使ったり太さを変えたりします」

　確かに、朝日新聞の紙面を見ても、グラフに模様や網掛けはまず見かけない。

　グラフの種類は見やすさを優先するそうだ。

　例えば、次ページにサンプルで掲載したグラフは、年ごとのドングリの量を表示している。グラフとしては棒でも折れ線でも作ることができる。自動車の出荷量や積雪量なども同様だ。しかし、これだけ年数が増えてくると、棒グラフよりも折れ線グラフのほうが見やすくなるという。また、紙面全体の文字が多いときには棒グラフにすると、ビジュアル的な印象が強いために、読みやすさが向上するという。

　我々は何気なく「時系列の推移だから折れ線グラフ」「数値の比較だから棒グラフだ」と決めつけていたが、両方が使えるときにはよく考えて選ぶべきだ。

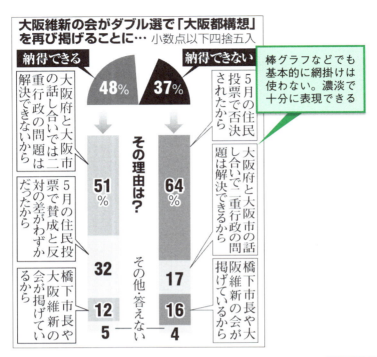
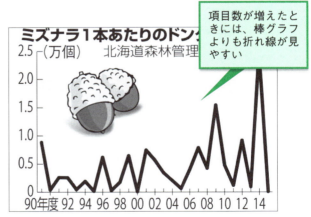

4 ▶ 時間をかけたビジュアルも作成していく

　普段の紙面は時間との闘いだが、特集的なページでは数日かけてより手の込んだグラフィックも作成していくという。Adobe Illustratorで作成しているので、我々がそのままのグラフを作ることはできないが、参考にはなりそうだ。

　下の「民主主義指数」のグラフは、円のサイズが大きくなるとより民主的であることを示している。また、円は国旗を表し、加えてレーダーチャートにもなっている。複数の要素を1つの図解で表したとても素晴らしい作品だ。

　Excelで作ったレーダーチャートの大きさを変えながらPowerPointにでも貼り付けていけば、近いコンセプトのビジュアルが作れるはずだ。

瓜田氏が監修したデザインを尽くしたグラフ。バブルチャート、レーダーチャートなど複数の役目を担っている

適切なグラフを作れば誰でも「効果絶大」な分析ができる

東京海洋大学
学術研究院　流通情報工学部門
教授　博士（工学）
黒川久幸 氏

1 ▶ 物流分析研究者に聞く分析のコツ

　黒川先生の専門をわかりやすく言うと「流通・物流に関わる諸問題の研究」だ。つまり、流通や在庫などの分析をする研究者である。お会いするまでは、とても難しい研究のお話が出てくるかとドキドキしていたのだが、我々、普通のビジネスパースンにとっても、とてもわかりやすく今日から使える分析のネタをいくつももらってきた。

　分析には色々なソフトウェアを利用するが、Excelも非常によく使うという。「卒業生が仕事の現場で利用することを考えると、どこでも使えるExcelが重宝します」とのことだ。

　特に、とりあえずグラフを作ってみるというのは目からうろこだ。また、多くの方が使ったことのないだろう関数も超便利だ。

適切なグラフを作れば誰でも「効果絶大」な分析ができる

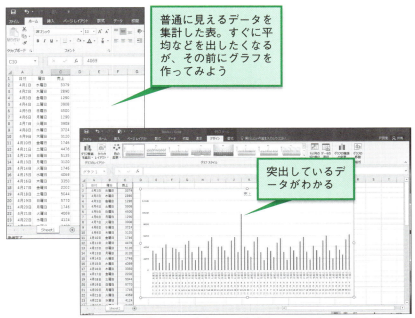

Excelなら、3秒もあればグラフが完成する。すると、一部のデータが極端に大きく、入力ミスの可能性があることがわかる。

173

2 そのグラフ作成ちょっと待った！

　我々は、何気なく棒グラフや折れ線グラフを作っているケースが非常に多い。Excelでは、表を指定して「挿入」メニューからグラフを選べばそれで完成なのだから、誰しもお気軽に作っているだろう。

　ところが、下のように元データの年号が飛び飛びだと、実は正しいグラフが作れていないために、本当の傾向がつかめない。黒川先生は「折れ線グラフでは散布図を使う」とのことだが、年号を入力した際に日付データとして認識されていれば、どんなグラフでもちゃんと作成してくれる。

　「1990年」などと入力しても文字データになるので、「1990/01/01」と入力すればOKだ。元データが飛び飛びの年号なら、グラフも櫛の歯が欠たようになるのが正しいのだ。

　年号が「1990年1月1日」などと表示されて気持ちが悪いなら、表を右クリックして「セルの書式設定」ダイアログで「分類」から「ユーザー定義」でカスタマイズすれば良い。

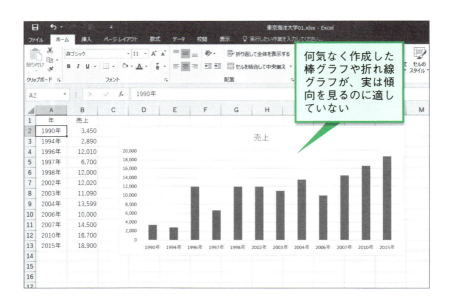

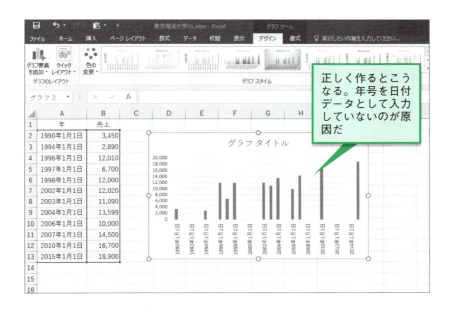

正しく作るとこうなる。年号を日付データとして入力していないのが原因だ

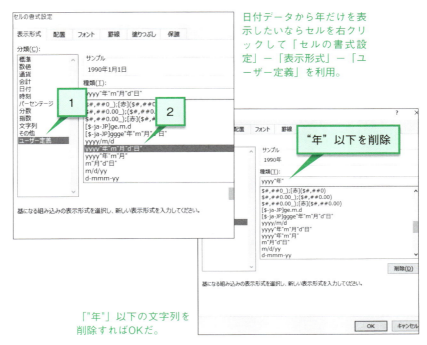

日付データから年だけを表示したいならセルを右クリックして「セルの書式設定」—「表示形式」—「ユーザー定義」を利用。

"年"以下を削除

「"年"」以下の文字列を削除すればOKだ。

適切なグラフを作れば誰でも「効果絶大」な分析ができる

175

3 必ずグラフを作れば良いわけではない

　黒川先生は、分析内容によっては小数点以下5桁までを利用することがあるという。我々、一般のビジネスでも、内容によっては小数点以下数桁までのデータを扱うことがあるだろう。特に、大きな金額などに対するパーセントでは、小数点以下数桁でも大きな差が生じてくる。

　こんなときに気を付けたいのが、何でもグラフを作れば把握しやすくなるわけではないことだ。細かな数字の比較は表の方が明確なケースも少なくないので、そこはきちんと使い分けたい。

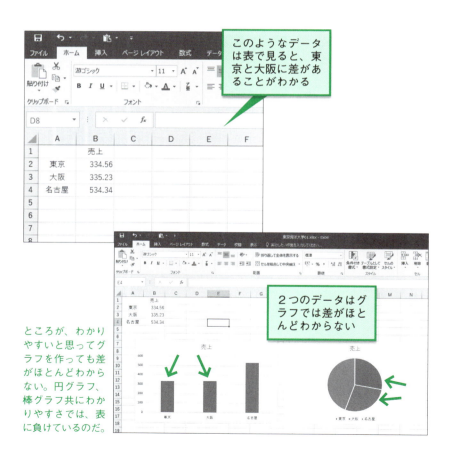

4 ▶ 知らなかった！便利な関数を教えてもらった

　黒川先生直伝の集計や統計に超役立つ便利な関数を紹介しよう。

　多くの方がデータを数えるのに「COUNT関数」を使っているだろう。また、一定の条件を満たすデータを数えるには「COUNTIF関数」を使うケースが多い。MOS（マイクロソフトOfficeスペシャリスト）の問題でも、確かCOUNTIF関数が出ていたと思う。

　しかし複数の条件があると設定するのが大変だ。例えば、「1000〜1999」「2000〜2500」までのデータの個数をそれぞれ数える式で、「1000〜1499」「1500〜2500」へと集計を変更したい場合には、2つの式をいちいち書き換えなければならない。

　そこで先生がおすすめするのが「FREQUENCY関数」だ。これが、集計作業には驚くほど役立つ。使いこなすには、ちょっとしたコツがあるので、手順を追って紹介しよう。

適切なグラフを作れば誰でも「効果絶大」な分析ができる

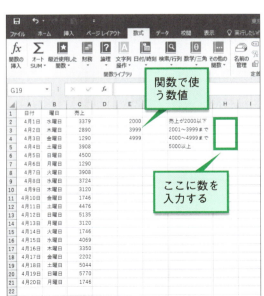

あらかじめ表の右にこのようなデータを入力しておく。「FREQUENCY関数」は複数のセルにまたがる操作なので、一部のセルのみに対する操作をすると「配列の一部を変更することはできません」などのメッセージが表示され、何も操作できなくなることがある。その場合は、「ESC」キーを押すことにより、もとに戻すことができる。

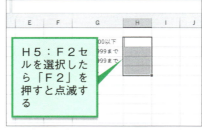

この表の場合H2:H5セルをドラッグで選択したら、「F2」キーを押す。

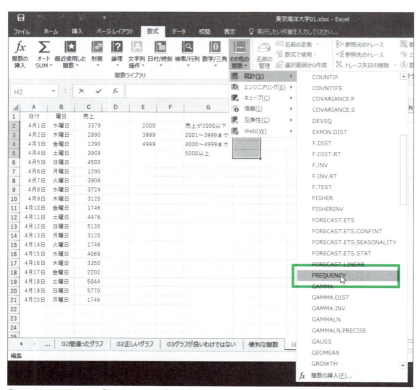

「その他の関数」-「統計」から「FREQUENCY」を選ぶ。

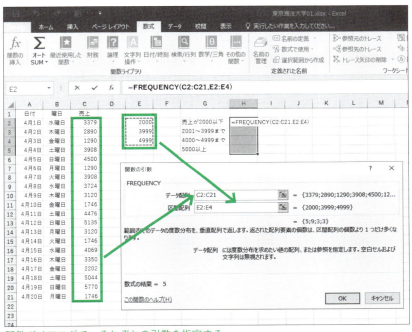

関数ダイアログで、それぞれの引数を指定する。

引数の指定が終わったら、「Ctrl＋Shift＋Enter」キーを押す。普通の関数のように「Enter」キーではだめなので、気をつけよう！ これで、それぞれのデータが一気に数えられる。

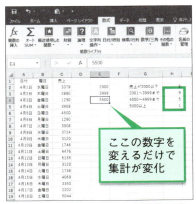

あらかじめ用意しておいた集計用のデータを変更するだけで、集計の区切りを自由に変えられるのが便利だ（ここではタイトルは変更していないので数字と合っていない）。

適切なグラフを作れば誰でも「効果絶大」な分析ができる

179

5 グラフを作れば仕入れのムダを省ける！

　黒川先生の専門分野は、最適な流通経路を計算したり、仕入れのムダを省くなど、ビジネスにもとても役立つ。最近は、ビッグデータがもてはやされているが、その分析の部分は、まさに黒川先生の専門たるところだ。

　ところが、大きな企業でも、なかなかそこまでできていないのが現状だそうだ。また、我々がちょっとやってみようと思っても、そう簡単にできるものではない。数式に関数を多用した計算など、見ているだけでも頭が痛くなってくる。そこで、我々でも仕事に役立つ分析が簡単にできる方法がないか聞いたところ、やっぱりグラフを作るのが確実だそうだ。

　とはいえ、「単にグラフ化するだけでなく、データの傾向を見るためによく考えて作るべきだ」とのこと。例えば、飲食店には、季節変動や曜日変動が必ずある。曜日変動は曜日ごとのグラフを作れば良いし、季節変動は週単位（つまり1年で52項目）のグラフを作ると見られる。このように、何を見たいのかを考えて元データを用意し、グラフ化することで自分なりの分析ができていくわけだ。

　ここでは、ピボットテーブルを利用して簡単に曜日変動のグラフを作る方法を紹介しよう。手動で集計しているととても大変だ。

こんな集計表からグラフで傾向を見る。難しいと思いがちのピボットテーブルも簡単で実に役立つ。

適切なグラフを作れば誰でも「効果絶大」な分析ができる

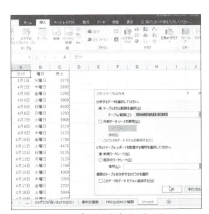

ピボットテーブルが出来上がった。

難しそうなダイアログが開くが、ここは無視して「Enter」キーを押す。

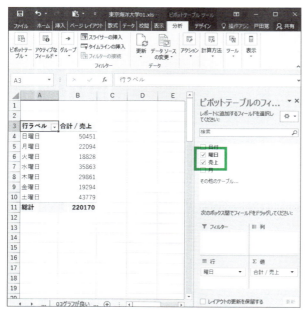

曜日と売上にチェックを付けると、週ごとの傾向がわかる。どうやら、週末が良く売れているようだ。

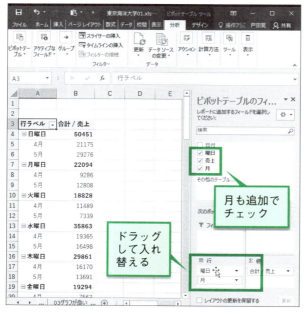

続いて、月ごとの曜日の傾向も見てみよう。「月」を追加でチェックして、画面下部のフィルターの「行」で「曜日」をドラッグして下の「月」と入れ替える。

月ごとの傾向も把握できた。

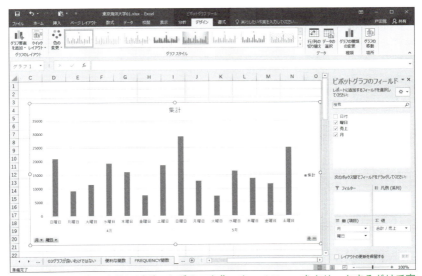

さらにわかりやすいようにピボットグラフを作った。メニューをクリックするだけで完成する。4、5月共に週末がよく売れていることがわかった。

適切なグラフを作れば誰でも「効果絶大」な分析ができる

白書を参考に！
上手なグラフの作り方

日経印刷株式会社
制作本部　制作部　DTP課
エキスパート

高野浩 氏

INTERVIEW

1 ▶ 白書のグラフや表が見やすい

　仕事柄、長年政府公表の資料を見ているが、白書のグラフや表は、年々進化していると感じている。シンプルながら見やすいものが多いので、ぜひ作り方のポイントを取材させて欲しいと思っていた。ところが、各種の省庁に取材を依頼したのだが、どこも受けてくれなかった。その理由は「制作を外注しているから」というものだった。

　そこで、白書作りのプロを探して見つけたのが、日経印刷だ。白書作成のシェアは4割程度だというから、白書制作に関しては日本でも指折りの企業なのだ。

　今回はDTPを担当している高野氏に見やすい表やグラフの作り方のコツを聞いた。なお、このコーナーでは、わかりやすいように事例ベースに紹介していこう。参考として掲載しているのは、厚生労働白書だ。

2 折れ線グラフを見やすく作る

　グラフを作る際には、全体の文字サイズ、罫線の色や太さ、凡例の統一感を考えて設計していくという。白書では、多くのページにたくさんの表やグラフが入るので、全体の色合いや表示、文字サイズなどを統一していくのだ。目盛り線を引くことはほとんどなく、スッキリとした仕上げを心がけている。

　軸の単位はそれぞれに付けずに、外に出すとよりスマートに見える。その際には括弧でくくっておくとわかりやすい。凡例は、グラフの外に出すか中に入れるかをよく考える。中に入れるのなら、その位置を書類内で統一していきたい。とはいえ、一律には配置できないので、「できれば右上」「次に左上」など、位置の優先順位を決めておく。

　グラフ内に数値のラベルを付ける場合には、目盛線などと重ならないように気をつける。どうしても重なってしまう場合には、サイズを小さくし、白フチを付けるなど工夫する。ただし、文字を小さくする場合には、際限なく小さくならないように、最小値をあらかじめ決めておくと良い。

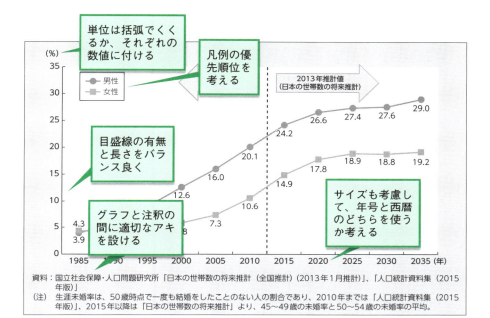

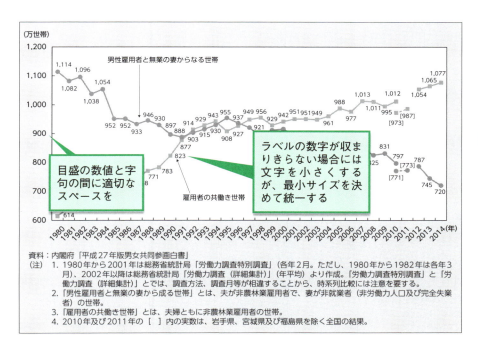

3 ▶ 円グラフを見やすく作る

　円グラフでは、塗りつぶしや網掛けの上に文字を載せることが多い。そのケースでは主に文字のフチを白く抜くことで、文字が見やすくなる。また、複数の円グラフを資料の中で使う場合には、円の直径を決めておき、同じサイズで利用するのが見やすく統一するポイントだという。どうしても統一できない場合は、2～3パターンでとどめるようにする。

　色合いも白書全体を通じて統一しているのは折れ線グラフと一緒だ。我々はその場に応じてばらばらなデザインのグラフを作りがちなので、そこは、気をつけていこう。

　引き出し線を付ける場合には、直線かL字形の線を利用する。線を交差させることがないこと、また、斜め線の角度をばらばらにしないのもポイントだ。

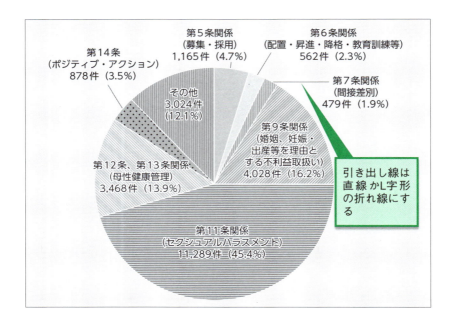

4 表を見やすく作る

　表では、同じ階層の要素ならできる限りセルの幅を揃えるのが見やすくする基本だ。この例では、「件数」と「金額」の幅をすべて揃えている。もし、2つを同じ幅に揃えられない場合でも、「件数」や「金額」それぞれの幅は揃えるようにしたい。

　表全体のサイズを調整したい場合には、統一するべきものを均一の幅にして、揃えなくても良いもので調整していくのがポイントだ。

　また、セル内の余白（上下左右）も統一する。表全体の高さを低くしたいときには、セルの上下の余白を一律に小さくする。ただし、見出しと数値行は別々に設定してもOKとのことだ。

> セルの幅は階層ごとに統一する

	物品		役務		合計	
	件数	金額	件数	金額	件数	金額
各府省庁	1,508	2.2億円	1,120	3.4億円	2,628	5.6億円
独立行政法人等	739	0.9億円	2,323	6.1億円	3,062	6.9億円
都道府県	4,367	6.6億円	10,231	14.7億円	14,598	21.4億円
市町村	22,864	16.4億円	20,616	70.2億円	43,480	86.6億円
地方独立行政法人	384	0.2億円	766	2.3億円	1,150	2.5億円
合計	29,862	26.4億円	35,056	96.6億円	64,918	123.0億円

> セル内の余白は統一する

白書を参考に！　上手なグラフの作り方

Excelのグラフを
美しく
作り替えてしまった

サイエンスライター
平林純 氏

INTERVIEW

1 ▶ 科学の達人はExcelが気に入らない

　平林氏は、色々な仕事をしているのだが、ひと言で表すなら科学の達人だ。科学の雑学などに関する著書を出版し、テレビ出演も多い。科学と雑学を融合させた記事を得意としている。ネットを検索すると「フェルメール『真珠の耳飾りの少女』…実は『耳飾りは真珠じゃない』」とか「チャリンコ（自転車）の語源・由来」といった記事も見つかる（「雑学会の権威・平林純の考える科学」）。科学だけでなく、歴史をはじめとする各種雑学にも精通しているのだ。

　お会いした平林氏は、まさに知識の宝庫といった方であった。ただし、基本的なフィールドはあくまでも科学で、Excelも科学的な計算によく使っているという。

「普通の人でもわかりやすいExcelのネタはありませんか？」という僕の安直な質問に「素人におすすめできるものは、好みではないので作らないんです」と、笑いながら答えてくださった。

Excelのグラフを美しく作り替えてしまった

2 見づらい等高線図を美しく

　Excelのグラフには多くの種類があるが、平林氏は等高線図を使う機会が少なくないという。ただし、その見た目が気にくわなかった。

「私が学生の頃は、グラフを作るために専用のソフトを利用していました。Excelのグラフをそのまま提出すると、見づらいとか汚いという理由で教師に叱られたものです。ところが、今やグラフ作成もExcelで済ませてしまうのが普通になり、見た目でも標準化してしまいました。しかし、Excelの等高線図を普通に作ると、値の大小がまったくわかりませんよね」

　ということで、さっそく僕も等高線図を作ってみた。そもそも作る機会があまり多くなかったし、出来上がったものが普通だと考えていたので、あまり気にしていなかったのだが、改めて見てみると、確かに数値を把握しづらい。

	A	B	C	D		G
1			1月	2月		5月
2		札幌	123	203	103	240	160
3		東京	340	405	540	340	540
4		大阪	289	330	420	490	390
5		名古屋	333	290	390	230	278
6		福岡	120	200	180	220	109
7						
8						
9						

こんな表を等高線図にした

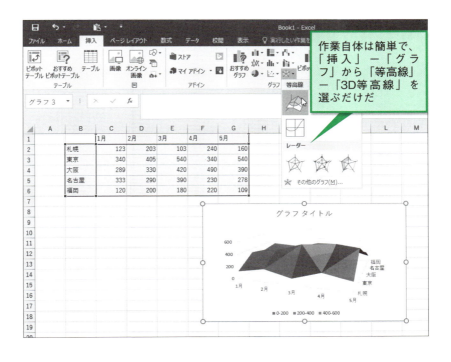

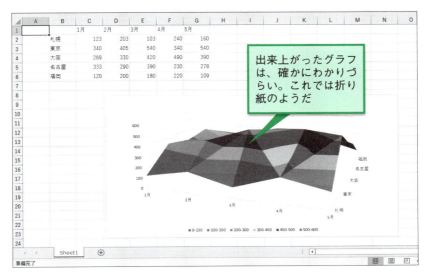

Excelのグラフを美しく作り替えてしまった

3 ▶ 自分でプログラミングして作成した

　そこで、平林氏は、自分で3D等高線図のグラフを作り替えるツールを作成した。そもそも、「プログラミングは学生のころから普通にやっていました」とのことなので、そう大変ではなかったという。1日はかからずに完成したとのことだ。

　簡単に言ってしまうと、グラフを塗りつぶす区切りを自動的に細かくすることで、美しくわかりやすい表現ができるのだ。

　専用のツールは、下記のURLからダウンロードできる。

　ツールの名前は「エクセルのグラフ配色をマトモ・自由自在にするためのツール（2013年版）」（Excel Chart Desginer 2003/2007/2010」という。

　ファイルはいくつかあるが、「ExcelChartDesginer.zip」をダウンロードする。zipで圧縮されているので、展開して欲しい。フォルダーには色々なファイルが含まれるが、「Excel_Chart_Color_Desginer_2007_2010_2013.exe」を利用すれば良いだろう。僕はExcel 2016で使ってみたが問題なく利用できた。

ダウンロードページ

http://www.hirax.net/misc/excel/ExcelChartDesigner/

Index of /misc/excel/ExcelChartDesigner

- Parent Directory
- ExcelChartDesghner.zip
- Mac_Ruby_S&pt.zip

> ダウンロードする
> のは真ん中のファ
> イルだ

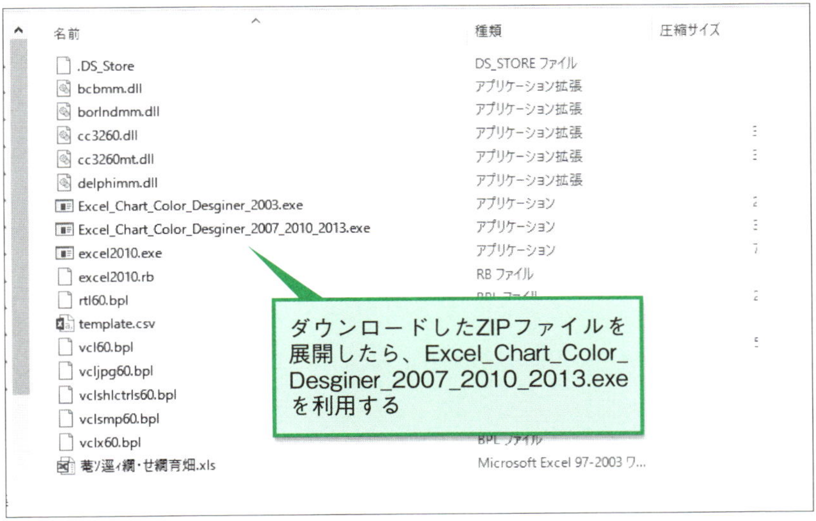

名前	種類	圧縮サイズ
.DS_Store	DS_STORE ファイル	
bcbmm.dll	アプリケーション拡張	
borlndmm.dll	アプリケーション拡張	
cc3260.dll	アプリケーション拡張	
cc3260mt.dll	アプリケーション拡張	
delphimm.dll	アプリケーション拡張	
Excel_Chart_Color_Desginer_2003.exe	アプリケーション	
Excel_Chart_Color_Desginer_2007_2010_2013.exe	アプリケーション	
excel2010.exe	アプリケーション	
excel2010.rb	RB ファイル	
rtl60.bpl	BPL ファイル	
template.csv		
vcl60.bpl		
vcljpg60.bpl		
vclshlctrls60.bpl		
vclsmp60.bpl		
vclx60.bpl		
萼ツ�温ィ網・せ網育畑.xls	Microsoft Excel 97-2003 ワ...	

> ダウンロードしたZIPファイルを
> 展開したら、Excel_Chart_Color_
> Desginer_2007_2010_2013.exe
> を利用する

Excelのグラフを美しく作り替えてしまった

195

4 使い方は簡単だ

　使い方は簡単だが、ちょっとしたコツがある。まず、Excelを起動して、等高線図を作成しておくのだ。グラフが完成した状態でExcel_Chart_Color_Desginer_2007_2010_2013.exeを起動する。

　英語版なのでちょっと戸惑うかもしれないが、まずグラフの最小値（Min.）と最大値（Max.）を設定しよう。普通は表の最大のデータが収まるようにすれば良い。「Unit」はグラデーションの細かさを決めるデータの区切りだ。数値が小さいほどなめらかに塗りつぶせるが、処理には時間がかかってくる。

　また、「Transparency」の値を調整すると透明度を変更できる。「0.5」程度で試してみると良いだろう。
「半透明にすると、等高線図の隠れている後ろの部分も把握できます。そのためにもこのツールが必要なのです」と、平林氏。確かに、完成したグラフを見るととてもわかりやすい。

　ただし、データを細かく区切っているので、凡例が多くなりすぎる。気になるようなら非表示にすれば良いだろう。

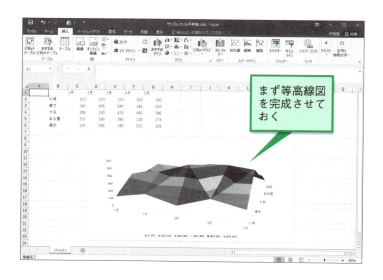

まず等高線図を完成させておく

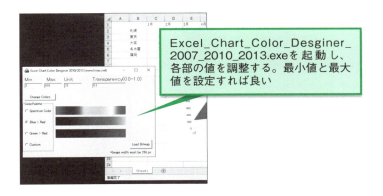

Excel_Chart_Color_Desginer_2007_2010_2013.exeを起動し、各部の値を調整する。最小値と最大値を設定すれば良い

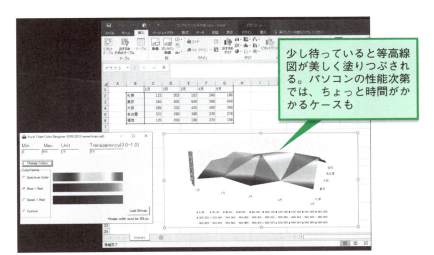

少し待っていると等高線図が美しく塗りつぶされる。パソコンの性能次第では、ちょっと時間がかかるケースも

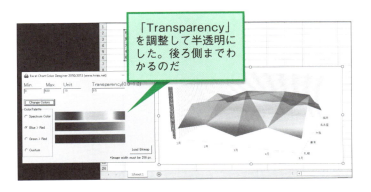

「Transparency」を調整して半透明にした。後ろ側までわかるのだ

Excelのグラフを美しく作り替えてしまった

5　回転の方法も知っておこう

　さて、せっかく美しい等高線図を作れるようになったのだから、3Dグラフの回転方法も知っておこう。

　以前のExcelでは簡単に行えたのだが、今はなぜかちょっと面倒なのだ。

　まずグラフエリアを選択したら、左上の「選択対象の書式設定」をクリックする。画面右に作業ウィンドウが表示されるので、バケツマークの隣の「効果」をクリックする。「3-D回転」という項目があるので数値横のボタンをクリックして回していけば良い。半透明の等高線図ほどわかりやすく回せるはずだ。

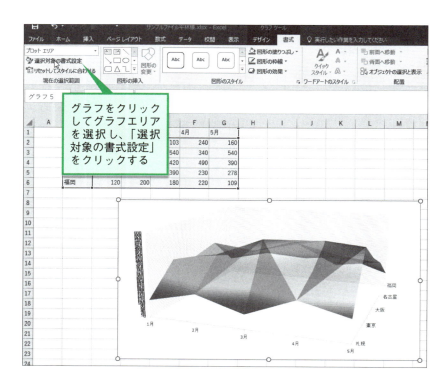

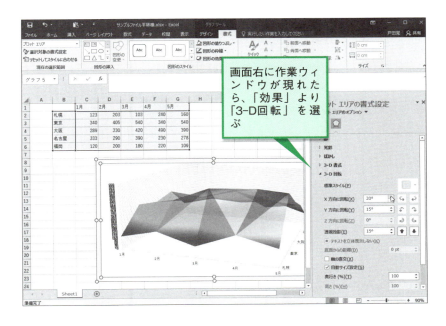

画面右に作業ウィンドウが現れたら、「効果」より「3-D回転」を選ぶ

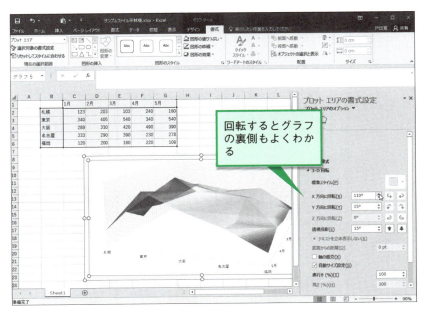

回転するとグラフの裏側もよくわかる

Excelのグラフを美しく作り替えてしまった

199

戸田覚 とだ・さとる

1963年東京生まれ。ビジネス書作家、コンサルタント。株式会社アバンギャルド、株式会社戸田覚事務所代表取締役。ハイテク、パソコン、成功する営業のコツ、新商品開発、新事業開発といったテーマを中心に、執筆、出版プロデュース、講演、コンサルティングに携わる。ビジネス誌、パソコン誌、情報関連雑誌をはじめとして多数の連載を抱える。
著書に『新 あのヒット商品のナマ企画書が見たい！』『プレゼンの極意を盗め！』（以上、ダイヤモンド社）、『すごい人のすごい企画書』（PHP研究所）、『正しくウケる文章の書き方 プロのノウハウで「顧客」に読ませる！』（日経BP社）、『LinkedIn人脈活用術』（東洋経済新報社）など多数。

著者ブログ：http://www.toda-j.com/weblog/
株式会社アバンギャルドHP：http://www.avant-garde.jp/

一流のプロから学ぶ
ビジネスに効くExcelテクニック

2016年5月30日　第1刷発行

著　者　戸田覚
発行者　首藤由之

装　丁　小林祐司

発行所　朝日新聞出版
　　　　〒104-8011　東京都中央区築地5-3-2
　　　　電話　03-5541-8814（編集）
　　　　　　　03-5540-7793（販売）
印刷所　大日本印刷株式会社

©2016 Satoru Toda
Published in Japan by Asahi Shimbun Publications Inc.
ISBN 978-4-02-331500-6

定価はカバーに表示してあります。
本書掲載の文章・図版の無断複製・転載を禁じます。
落丁・乱丁の場合は弊社業務部（電話 03-5540-7800）へご連絡ください。
送料弊社負担にてお取り換えいたします。